THOMAS SCHWEER

SATANISMUS

THOMAS
SCHWEER

SATANISMUS

DIEDERICHS KOMPAKT

Bibliografische Information Der Deutschen Bibliothek

Die Deutsche Bibliothek verzeichnet diese Publikation
in der Deutschen Nationalbibliografie;
detaillierte bibliografische Daten sind im Internet
über http://www.dnb.ddb.de abrufbar.

Textredaktion: Maria Mill, München
Umschlaggestaltung: Die Werkstatt München /
Weiss · Zembsch
Produktion: Ortrud Müller
Satz: EDV-Fotosatz Huber/Verlagsservice G. Pfeifer,
Germering
Druck und Bindung: Druckerei Huber,
Garching-Hochbrück
Printed in Germany

ISBN 3-7205-2534-1

INHALT

Kastentexte

EINFÜHRUNG

Schon an der Frage, was Satanismus eigentlich ist, scheiden sich die Geister. Vom Namen her hat der Satanismus mit dem Teufel zu tun und wird üblicherweise als dessen Verehrung betrachtet. Doch längst nicht alle Satanisten glauben tatsächlich an die Existenz des Teufels oder stellen ihn in den Mittelpunkt ihrer Lehre. Die Theorien und Praktiken der einzelnen Gruppen folgen keinem einheitlichen Schema und lassen sich kaum auf einen gemeinsamen Nenner bringen. Zwar spielen bestimmte Schriften oder Persönlichkeiten, wie etwa Aleister Crowley, in den meisten Vereinigungen eine gewisse Rolle, in ihrer Ausrichtung und Zielsetzung aber muss man sie gesondert betrachten, will man ihr Anliegen verstehen.

Die Definitionen sind so vielfältig wie das Phänomen selbst. So spricht man etwa von individuellem oder gruppenbezogenem Satanismus. Individueller Satanismus liegt vor, wenn sich einzelne Personen als Teufelsanbeter verstehen. Ihre Praxis kann von der eher theoretischen Beschäftigung mit satanistischem Schrifttum bis zu exzessiver Gewaltanwendung einschließlich Mordtaten reichen. Ein Beispiel hierfür wäre das Ehepaar Ruda, das im Juli 2001 auf bestialische Weise einen Bekannten zu Tode brachte und im Prozess angab, es habe auf Befehl Satans gehandelt. Beim gruppenbezogenen Satanismus finden sich mehrere Personen zusammen, um gemeinsam Rituale zu praktizieren.

Neben diesem soziologischen Modell gibt es auch dogmatische Unterscheidungskriterien. Hier wird danach gefragt, welches Ziel eine satanistische Einstellung verfolgt. Soll es darin bestehen, die Genussfähigkeit zu steigern bzw. Genusssucht zu befriedigen, so handelt es sich um eine rationalistische Grundhaltung. Wird Satan als Widersacher Gottes verehrt, liegt eine okkultistische Einstellung vor, beim Gebrauch von Drogen und Gewalt eine orgiastische. Ein luziferisch geprägter Satanismus hat spirituellen Erkenntnisgewinn zum Ziel.

Ein weiterer Typisierungsversuch beruht auf der Einteilung in einen historischen (antikirchlichen), rituellen (ordensmäßig organisierten), wahnhaften (frei erfundenen) sowie latenten Satanismus (z. B. bei spontanen Gewaltakten). Hinzu kommt noch ein kultureller Satanismus, der sich in Film und Literatur ausdrückt.

Die bislang differenzierteste und stichhaltigste Unterteilung hat Joachim Schmidt vorgenommen, der zwischen reaktivem, gnostisch umgewertetem, integrativem, autarkem, synkretistisch gebrochenem und literarischem Satanismus unterscheidet. Reaktiver Satanismus orientiert sich am christlichen Teufelsbild und betrachtet die Verehrung des »Herrn der Finsternis« als Protest gegen bestehende Verhältnisse, bleibt dabei jedoch den kirchlichen Vorstellungen verhaftet und verkehrt sie lediglich in ihr Gegenteil. Bei Gruppen, die Satan als »Lichtbringer« (Luzifer) und Aufklärer der Menschen verstehen, kann von einem gnostisch umgewerteten Satanismus gesprochen werden. Der integrative Satanismus betrachtet Gott und Satan als die beiden gegensätzlichen Pole einer Einheit. Einige wenige Gruppen haben einen autarken Satanismus entwickelt, dessen Ursprung zwar in der christlichen Teufelslehre liegt, der aber eine neue und eigenständige Form angenommen hat. In allen Fällen, in denen Satan eine wichtige, aber nicht die einzige Rolle spielt, handelt es sich um synkretistisch gebrochenen Satanismus.

Diesen und zahlreichen weiteren Definitionen ist eines gemeinsam: Sie geben kein eindeutiges Bild vom Satanismus und sind teilweise austauschbar. Auf das Satanistenpaar Ruda etwa treffen mehrere der genannten

Kategorien zu. Seine Art des Satanismus war gleichzeitig individuell und orgiastisch, ebenso latent wie wahnhaft. Und nimmt man die Selbstaussagen der beiden vor Gericht noch hinzu, so könnte man sie darüber hinaus dem reaktiven Satanismus zuschlagen, womit man ihnen aber wohl zu viel der Ehre erwiese. Auch der Versuch, in ihnen ein Beispiel für »kriminellen Pseudosatanismus« zu sehen, ist keine wirkliche Erklärung. Denn gäbe es eine solche kriminelle Form Satanismus, worin bestünde dann wohl die unbedenkliche Ausprägung? Existiert etwa neben einem scheinbaren auch ein echter Satanismus? Oder haben derartige Vorkommnisse vielleicht überhaupt nichts mit Satanismus zu tun, sondern sind schlicht und einfach Verbrechen, verübt von psychisch kranken Kriminellen, denen zur Rechtfertigung ihrer Taten nichts anderes einfällt, als auf das tief in unserer Kultur verwurzelte Stereotyp von Satan als dem Inbegriff des Bösen zurückzugreifen?

Das Definitionsproblem betrifft die große Mehrzahl der als satanistisch eingestuften Gruppen. Erschwerend kommt hinzu, dass Übergänge zu anderen Bereichen oft fließend sind. Okkultismus, Rechtsextremismus und manche Arten der Rockmusik werden bisweilen mit dem Satanismus in Verbindung gebracht, was die Verwirrung noch vergrößert. Und auch unter den Satanisten selbst herrscht keineswegs Einigkeit darüber, worin denn nun die »wahre« Lehre bestehe. Man wirft sich gegenseitig Verdrehungen, Missverständnisse, Entstellungen, Lügen, Profitstreben vor und behauptet stets, dass sich nur die eigene Gemeinschaft im Besitz der wahren Erkenntnis befinde. Viele Gruppen verschwinden ebenso rasch wieder in der Versenkung, wie sie entstanden sind, und Neugründungen bzw. Abspaltungen sind an der Tagesordnung. Kaum eine Organisation entspricht einer der genannten Klassifizierungen in Reinform. Das Fehlen echten Traditionsbezugs, der geschichtlich gesehen sehr kurze Zeitraum seit der Entstehung der ersten Ansätze eines expliziten Satanismus sowie die unterschiedlichen Motivationen der Satanisten selbst verhindern eindeutige Zuordnungen bzw. dass diese Zuordnungen über längere Zeit gültig bleiben.

DIE VERSCHIEDENEN FORMEN DES SATANISMUS

Form	Inhalt	Beispiele
Reaktiver (paradigmatisch konformer) Satanismus	Satanismus als Protesthaltung, orientiert an der christlichen Teufelsvorstellung	Die klassischen Teufelspakte, einige Rockgruppen
Gnostisch umgewerteter Satanismus	Umkehrung der Bewertung: Gott ist der Unterdrücker des Menschen, Satan sein Befreier	Gruppen, in denen Luzifer als der Lichtbringer im Mittelpunkt steht; Satan als Aufklärer
Integrativer Satanismus	Gott und Satan sind eins, bilden die beiden Pole einer Ganzheit	Charles Manson, der Jesus und Satan in einer Person sein wollte
Autarker (sekundär achristlicher) Satanismus	Vom Christentum abgeleitet, aber zu einer eigenen, nicht mehr christlichen Form ausgebildet	Church of Satan, Temple of Set
Synkretistisch gebrochener Satanismus	Satan steht nicht allein im Mittelpunkt eines Systems, spielt aber eine wichtige Rolle	Thelemische Kulte, die sich auf Aleister Crowley beziehen
Literarischer Satanismus	Satan in der Literatur	Baudelaire, Lord Byron, Lévi, Huysmans

Nach Joachim Schmidt: *Satanismus. Mythos und Wirklichkeit.* Marburg [2]2003

DIE GESCHICHTE DER SATANSVORSTELLUNGEN

Das Böse hat den Menschen zu allen Zeiten beschäftigt, und seine bildhafte Darstellung ist eine weltweite Erscheinung. Von den Griechen, Römern und Germanen über die Inder und Chinesen bis zu den Juden und Christen finden sich ähnliche Ausdrucksformen. Besonders wichtig für den abendländischen Bereich war dabei der Vordere Orient, denn hier entstanden die für den späteren Satanismus maßgebenden Ideen.

IRANISCHER DUALISMUS UND GNOSIS

Am Ende des zweiten Jahrtausends v. Chr. trat im Osten Irans der Prophet Zarathustra auf. Er lehrte einen Dualismus von Gut und Böse, der die gesamte Schöpfung durchzieht. Demnach hatte der Gott Ahura Mazda eine gute Welt erschaffen, auf die Angra Mainyu mit einer »bösen Schöpfung« antwortete. Während Ahura Mazda dem Menschen die nützlichen Dinge, Rinder, Getreide und Heilpflanzen schenkte, versuchte Angra Mainyu, die gute Ordnung durch seine Gegenschöpfung zu stören. Er erschuf das Unkraut, die giftigen Tiere und Pflanzen, er verursachte Trockenheit und Überschwemmungen, durch ihn kamen Lüge und Falschheit in die Welt. Gut und böse stehen sich in der Lehre Zarathustras diametral und unversöhnlich gegenüber, die höchste Aufgabe des Menschen ist es, sich in freier Wahl für das Gute zu entscheiden und ihm zum letztendlichen Sieg zu verhelfen. Der Mensch wird mit einem Entweder-Oder konfrontiert, und auf der Seite des Guten kann er nur stehen, wenn er das Böse radikal ablehnt und bekämpft. So ermöglicht er das Zurückdrängen des Bösen, nach dessen Verschwinden – in einer apokalyptischen Umwälzung am Ende der Zeit – die neue, reine Welt entstehen wird.

Den sozialen Hintergrund dieser Vorstellungen bildete der Gegensatz zwischen nomadisierender und sesshafter Lebensweise, die zur damaligen Zeit in Konkurrenz miteinander standen. Zarathustra pries die Ordnung und Rechtschaffenheit von Ackerbau und Viehzucht, während er in den Überfällen der Nomaden eine Bedrohung dieser Ordnung erblickte. Die dämonische Welt, angeführt von Angra Mainyu und verkörpert von Brachland, wilden Tieren und Nomaden, musste gezügelt werden, um die Aufrechterhaltung der Ordnung zu gewährleisten. Eine Buße, die man Übeltätern für bestimmteVergehen auferlegte, bestand bezeichnenderweise darin, ein Stück Ödland urbar zu machen, denn dies bedeutete zugleich die Ausdehnung des »guten« Bereichs.

Die Lehre Zarathustras, Zoroastrismus oder auch Mazdaismus genannt, überdauerte mit einigen Abwandlungen bis zum heutigen Tag in der Religion der Parsen (nach ihrem Herkunftsland Persien), die vorwiegend im westlichen Indien beheimatet sind. Im Parsismus lauten die Namen für die beiden Götter Ohrmuzd (Ahura Mazda) und Ahriman (Angra Mainyu). Insbesondere die zoroastrische Dämonenlehre übte einen erkennbaren Einfluss auf das frühe Judentum aus. Ebenfalls auf iranischem Boden entstand eine zweite, stark dualistisch ausgerichtete Religion, der Manichäismus. Er gehörte zur breiten Strömung der Gnosis, die sich in den ersten Jahrhunderten unserer Zeitrechnung über den gesamten Mittelmeerraum erstreckte.

Gnosis (Erkenntnis) ist eine Sammelbezeichnung für eine ganze Anzahl von Denk- und Glaubenssystemen, deren Gemeinsamkeit vor allem darin besteht, dass sie

Der Manichäismus

Der im Jahre 216 n. Chr. in Persien geborene Mani wurde zum Stifter einer Weltreligion, die in ihrer Blütezeit von Nordafrika bis nach China reichte. Mani sah sich als letzten der gottgesandten Propheten, vor ihm hätten Zarathustra, Buddha und Jesus ihre Lehren verkündet, Lehren, die allerdings von den Nachfolgern verdorben worden seien. Der Grund für diesen Niedergang habe vor allem im Fehlen schriftlicher Aufzeichnungen gelegen, weshalb Mani die wichtigsten Teile seiner Lehre selber aufschrieb. Ihr zufolge gibt es zwei ewige, unerschaffene Prinzipien: Geist und Materie. Die der Finsternis zugerechnete Materie habe den Weltprozess in Gang gesetzt, indem sie sich mit dem Reich des Lichts vereinigte. Ziel des Prozesses ist die Trennung der beiden Prinzipien und damit die Wiederherstellung des Urzustandes. Der Mensch soll mittels seiner Vernunft die Vermischung der Prinzipien erkennen und zu ihrer Scheidung beitragen. In der fleischlichen Hülle des Menschen ist ein göttlicher Lichtfunke eingeschlossen, den es zu befreien gilt. Die Erkenntnis wird unterstützt durch eine ausgeprägt asketische Lebensführung. Nur Mönche gingen mit ihrem Tod in die Lichtwelt ein, der Laie musste darauf hoffen, in einem zukünftigen Leben selbst als Mönch wiedergeboren zu werden. Nachdem Mani lange Zeit von den persischen Herrschern gefördert worden war, verlor er schließlich die königliche Gunst und starb 277 im Gefängnis.

eine pessimistische Einstellung zur Welt einnehmen und folglich in der Befreiung von der Materie das Heil erblicken. Die ursprüngliche Vollkommenheit ging verloren, als ein unwissendes, teils göttliches, teils dämonisches Wesen (Demiurg) die Welt ins Leben rief. In manchen Systemen handelt dieses Wesen aus eigenem, eher widergöttlichem Antrieb heraus, in anderen als Werkzeug eines verborgenen höchsten Gottes, der selbst keinen Anteil an der Schöpfung nimmt. Die materielle Welt wird in abgestufter Intensität vom göttlichen Licht durchdrungen; je asketischer und weltabgewandter der Mensch lebt, desto näher ist er dem Lichtreich. Als Vorbild dienen Erlösergestalten, die dem Menschen einen Weg aufzeigen, der ihn aus seiner Verstrickung in die Materie herausführt. Jesus Christus wurde von einigen gnostischen Richtungen als eine solche Erlösergestalt betrachtet, wobei er allerdings als rein geistiges Wesen galt und deshalb auch nicht am Kreuz gelitten haben konnte. Die zu jener Zeit entstehende christliche Kirche erlebte in der Auseinandersetzung mit den Gnostikern eine ihrer größten Herausforderungen, an der sie unter etwas anderen Umständen leicht hätte scheitern können. Nur durch die klare Abgrenzung gegen gnostisches Gedankengut und die rigorose Bekämpfung der »Irrlehren« konnte die Kirche den Einfluss der Gnosis begrenzen und schließlich ganz zurückdrängen.

Ketzerbewegungen zeugen von der großen Faszination, die vom gnostischen Denken ausging. Im zweiten Jahrhundert n. Chr. trat Marcion auf, der nach kirchlicher Tradition als Begründer der christlichen Gnosis gilt. Im Jahr 144 trennte sich Marcion von seiner Heimatgemeinde und erzielte beträchtliche Missionserfolge in Kleinasien. Sein Ziel war es, die jüdischen Wurzeln des Christentums zu beseitigen, indem er den Gott Jesu Christi als liebenden und gütigen Gott bezeichnete, während der Schöpfergott der Juden gerecht und strafend sei. Beide hätten nichts miteinander zu tun, zwar sei die Welt ein Produkt des jüdischen Gottes, Jesus Christus hingegen habe den Weg zum höchsten Gott gewiesen, der an der Erschaffung der Welt nicht beteiligt gewesen sei. Die Kirche verwahrte sich gegen diese Ansichten der Marcioniten wie auch die aller anderen Gnostiker und verdammte sie als Ketzerei, denn ein Tolerieren derartiger Auffassungen hätte sie in ihrem Bestand ernsthaft gefährden können. Die Erlösungstat Christi wäre ihrer Besonderheit beraubt worden, und das Wesen des christlichen Gottes hätte neu interpretiert werden müssen.

Zur Veranschaulichung ihrer Lehren bedienten sich die Gnostiker eines reichen Schatzes an mythologischen Themen und Sprachbildern. Damit einher ging die Umdeutung der bis dahin gültigen christlichen Werte. Die Gemeinschaft der Kainiten etwa verkehrte die Auslegung der Bibel in ihr genaues Gegenteil: Kains Brudermord brachte für sie lediglich zum Ausdruck, dass der jüdische Gott Wohlgefallen an blutigen Opfern hatte, und Judas war nicht der, der Jesus verraten hatte, sondern seine Tat diente der Befreiung des Menschen, weil sie den Tod Jesu überhaupt erst ermöglichte. Die Schlange, nach kirchlicher Lehrmeinung die teuflische Verführerin Adams und Evas, genoss in den Zeremonien und Ritualen der Ophiten (nach dem griechischen Wort für »Schlange«) hohe Wertschätzung, ja galt sogar als das Gute an sich. Für die Karpokratianer (zweites Jahrhundert n. Chr.) musste die Seele alle denkbaren positiven wie negativen Erfahrungen durchgemacht haben, ehe sie die von Engeln erschaffene Welt endgültig verlassen konnte. Da es aber kaum möglich war, in einer einzigen Existenz sämtliche Erfahrungen zu durchleben, glaubten die Karpokratianer an die Wiedergeburt der Seele. Die noch unreife Seele wird vom Teufel vor den Erschaffer der Welt geführt, der dann seine Engel darüber entscheiden lässt, in welchem Körper die Seele wiedergeboren werden soll. Als besonders verwerflich erscheinen in den Quellen, die fast alle der christlichen Apologetik (Denkrichtung zur Verteidigung der christlichen Lehre) zuzurechnen sind, die so genannten Barbelognostiker.

Einiges an den Berichten ist mit Vorsicht zu interpretieren, da die Kirchenlehrer in ihrem Abwehrkampf gegen häretische Bewegungen manches sicher bewusst übertrieben oder eigene Fantasien auf die Gegner projizierten. Insbesondere sexuelle Projektionen haben in ähnlichen Zusammenhängen, etwa während der Hexenverfolgungen, häufiger stattgefunden. Der Vorwurf der

Barbelognostiker
Der Kirchenlehrer Epiphanius (315–403), der in Ägypten direkten Kontakt zu den Barbelognostikern hatte, beschreibt ihre Riten als sehr freizügig und abstoßend. Aus der Vereinigung des reinen Geistes mit der Urmaterie entstanden – der Auffassung der Barbelognostiker zufolge – die Götter, Engel und Dämonen. Barbelo (abgeleitet von der syrischen Gottheit »Baal«) ist der oberste weibliche Gott; der von ihm zur Schaffung der Welt eingesetzte Demiurg Sabaoth beansprucht jedoch seinerseits, der höchste aller Götter zu sein. Für die Menschen geht es darum, sich der Herrschaft Sabaoths zu entziehen und ins Lichtreich zurückzukehren. Das männliche Sperma, das der Schöpfungskraft Barbelos entspricht, soll befreit werden, ohne dass es zur erneuten Menschenzeugung kommt. Sperma und Menstruationsblut haben, laut Epiphanius, im Mittelpunkt der barbelognostischen Riten gestanden. Beides sei in eucharistischer Art als »Leib Christi« verzehrt worden. Schwangerschaften mussten vermieden werden, weil sie den unerwünschten Aufenthalt der Seele in der Welt verlängerten. Falls es doch einmal ungewollt dazu kam, was bei den orgiastischen Ausschweifungen fast unvermeidlich war, hätten die Barbelognostiker den Fötus abgetrieben und rituell verzehrt.

Kindstötung eignete sich gut zur eindrücklichen Verdeutlichung der angeblich von den Ketzergruppen ausgehenden Gefahren. Obwohl derartige Vorkommnisse nicht gänzlich auszuschließen sind, müssen die Vorwürfe doch insofern relativiert werden, als sie immer wieder gegen Gruppen erhoben wurden, die zu stark vom allgemeinen Konsens abwichen. Auch die ersten Christengemeinden hatten sich solcher Unterstellungen zu erwehren. In den von Gnostikern selbst verfassten Texten finden sich jedenfalls keine Belege für die genannten Exzesse.

Alle gnostischen Richtungen stimmen darin überein, dass die Welt kein lebenswerter Ort ist, sondern beherrscht von Unwissenheit und Unfreiheit. Der im

Menschen eingeschlossene Lichtfunke (Pneuma) soll mit Hilfe der Erkenntnis (Gnosis) aus dem Gefängnis des Körpers befreit und wieder ins Lichtreich geführt werden. Erkenntnis zählt mehr als die von den christlichen Theologen geforderten guten Werke. Die Erschaffung der Welt wird untergeordneten Gottheiten (Demiurg bzw. Archonten) zugeschrieben, die vom höchsten, transzendenten Gott zu unterscheiden sind. Dieser bleibt vom irdischen Geschehen unberührt. Da die Welt ein Produkt minderer Geistwesen ist, bedeutet die Missachtung der weltlichen Regeln zugleich eine Rebellion gegen die Archonten, die den Menschen auf Erden gefangen halten. Daraus erklärt sich auch die Umwertung herkömmlicher Moralbegriffe, denn eine Negierung der allgemein gültigen und vor allem der sexuellen Normen konnte als ein Aufbegehren gegen die Gefangenschaft in Unwissenheit ausgegeben werden. Außerdem fühlte sich der Gnostiker als Mitglied einer elitären Gemeinschaft seinen andersgläubigen Mitmenschen überlegen.

Für die weitere Ausgestaltung der Satans- und Dämonenvorstellungen sollte das gnostische Lehrgebäude grundlegende Bedeutung erlangen. Zum einen bündelte es viele Inhalte der alten orientalischen Religionen, der ägyptischen, jüdischen, syrischen und besonders der iranischen und gestattete diesen, verknüpft mit magischen und astrologischen Elementen, fortzuwirken, andererseits zwang der enorme Einfluss des gnostischen Denkens die christliche Kirche, ihre theologischen Anschauungen so zu modifizieren, dass sie mit der Attraktivität der gnostischen Weltdeutung konkurrieren und den »Stachel der Häresie« neutralisieren konnte. Als die Gnosis ab dem vierten Jahrhundert als selbstständige Größe allmählich aus der Religionsgeschichte verschwand, hatte sie ihr geistiges Umfeld, in erster Linie Judentum und Christentum, bereits entscheidend mitgeprägt.

SATAN IM ALTEN UND NEUEN TESTAMENT

Im Alten Testament findet der Teufel nur beiläufig Erwähnung, und wenn, dann höchstens als Ankläger der Menschen (Sacharja 3,1 ff.) oder der, der mit Billigung Gottes ihren Glauben zu prüfen hat (Hiob 1,6 ff.). Auf das menschliche Geschick hat er jedoch keinen Einfluss. Lediglich das späteste, nur wenige Jahrzehnte vor Christi Geburt entstandene Buch des Alten Testaments lässt eine gewisse Eigenständigkeit des Teufels erkennen: »Doch durch den Neid des Teufels kam der Tod in die Welt, und ihn erfahren alle, die ihm angehören« (Weisheit 2,24). Ansonsten werden die eher dunklen Seiten Jahwes auf den Teufel übertragen, wodurch sich die zürnende und unberechenbare Lokalgottheit Jahwe allmählich in den universalen und überzeitlichen Gott Israels verwandelte. Wo an anderen Stellen von unheilvollen Geistern die Rede ist, handelt es sich in der Regel um dämonisierte Götter der Nachbarvölker Israels oder der kanaanäischen Urbevölkerung. Die Götter eines militärisch besiegten oder kulturell verdrängten Volkes in neuer Funktion in das eigene Pantheon einzugliedern, ist ein aus der Religionsgeschichte allgemein vertrautes Verfahren. Für die heute geläufige Satansvorstellung liefert das Alte Testament allenfalls einige Vorlagen, und auch diese beruhen großteils auf dem Einfluss dualistischer iranischer Vorstellungen sowie der Aufnahme hellenistischer Elemente kurz vor der Zeitenwende. Ausschmückende und erläuternde Detailbeschreibungen enthalten meist nur die apokryphen Schriften, also jene religiösen Texte, die bei der Zusammenstellung des biblischen Kanons keine Berücksichtigung fanden. Hinsichtlich der Satansvorstellung ist hier vor allem das Henochbuch zu nennen. Dieses schildert sowohl das Machtstreben des Engels Satanael als Grund für seine Opposition gegen Gott als auch den an die Hölle erinnernden »Feuerpfuhl«, in den Satanael am Tag des Gerichts geworfen werden soll. Die Konturen Satans als Gegenspieler Gottes zeichnen sich jedoch erst im Neuen Testament deutlicher ab.

Auch die Gleichsetzung der Schlange – deren Einflüsterungen Adam und Eva zum Verhängnis werden – mit dem Teufel ist christlichen Autoren zuzuschreiben. Die Genesis kennt sie nur als ein besonders listiges Geschöpf, »schlauer als alle Tiere des Feldes« (1. Mose 3,1). Im Neuen Testament aber heißt es dann: »Es wurde gestürzt der große Drache, die alte Schlange, die Teufel oder Satan heißt und die ganze Welt verführt; der Drache wurde auf die Erde gestürzt, und mit ihm wurden seine Engel hinabgeworfen« (Offb. 12,9). Was das Alte Testament nur vage andeutete und mehr oder weniger offen ließ, konkretisierte das frühe Christentum in plastischer und eindeutiger Weise. Der Widersacher des Menschen wandelte sich zum Widersacher Gottes (»Feind«, »Gegner« lautet die wörtliche Übersetzung von Satan). Er verhindert, dass die Menschen die frohe Botschaft hören können (Mark. 4,15); er siebt sie wie Weizen (Luk. 22,31); er fährt in sie und macht sie krank (Luk. 13,16); er ist der Vater des Bösen (Matth. 13,36 ff.) und der Lüge (Joh. 8,44). Nachdem er mit der Versuchung Jesu keinen Erfolg gehabt hatte (Matth. 4,1–11), ergriff er später von Judas Besitz und ließ ihn Jesus verraten (Luk. 22,3). Die Pharisäer warfen Jesus vor, Satan mit Beelzebub auszutreiben (Mark. 3,22). Die Antwort Jesu, der Satan könne nicht mit sich selbst ausgetrieben werden, weshalb ihre Behauptung falsch sei, zeigt, dass Beelzebub und Satan als bedeutungsgleiche Begriffe galten. Vom Wortsinn her heißt Beelzebub der »Gott des Misthaufens« oder auch der »Gott der Fliegen« – wohl in Anspielung auf die »schmutzigen Opfer« an die Götzen.

Klare Konturen gewinnt Satan in der Apokalypse des Johannes, wo er als »Drache, groß und feuerrot, mit sieben Köpfen und zehn Hörnern und mit sieben Diademen auf seinen Köpfen« hervortritt (Offb. 12,3). Nun ist er der Antichrist, der gegen Gott und Christus rebelliert und den gesamten göttlichen Heilsplan gefährdet. Das »Tier, das aus dem Abgrund heraufsteigt« (Offb. 11,7) bringt Verderben über die ganze Menschheit, es ist der »Engel des Abgrunds; er heißt auf hebräisch Abaddon, auf griechisch Apollyon« (Offb. 9,11). Der Satan ist nicht länger ein gehorsamer Diener, der Gottes Aufträge ausführt, sondern ein eigenmächtig handelndes Wesen, dem die Schuld für Sünde und Tod angelastet wird. Die apokalyptische Darstellungsweise des Satans als gehörntes Tier oder vielköpfiges Fabelwesen liefert die wesentliche Vorlage für das überbordende Pandämonium der mittelalterlichen Teufelslehre.

VON DEN KIRCHENVÄTERN BIS ZUM MITTELALTER

Die Zeit der Kirchenväter ist gekennzeichnet durch eine immer vielfältigere Satanslehre. Als Kirchenvätern gelten jene Theologen, die durch ihre Schriften maßgeblichen Anteil an der Herausbildung einer verbindlichen kirchlichen Lehre hatten. Diese Epoche, deren Höhepunkt im vierten und fünften Jahrhundert lag, ist mit Namen wie Clemens, Cyprian, Gregor, Irenäus, Justin, Origenes, Tertullian und vor allem Augustinus verbunden. Durch ihre Expansion im Römischen Reich und schon bald auch darüber hinaus sah sich die Kirche vor eine Reihe zum Teil sehr schwieriger Probleme gestellt. Einerseits mussten etwa innerkirchliche Meinungsverschiedenheiten über die Autorität der Kirchenführer oder das Vorgehen bei der Mission ausgeräumt werden, andererseits warf der Kontakt mit fremden Kulturen und Religionen Fragen auf, die die Grundlagen des christlichen Glaubens berührten.

Außer mit der Gnosis war die junge Kirche auch mit den damals populären Mysterienkulten konfrontiert, die ihren Ursprung in den orientalischen Ländern hatten. Manche ihrer Vertreter waren der Ansicht, Jesus sei ein esoterischer Lehrmeister gewesen, der die Geheimnisse der spirituellen Welt an seine Jünger weitergegeben habe. Aus dieser Perspektive betrachtet erhielt die Taufe die Funktion einer Einweihung, das Abendmahl bedeutete Verschmelzung mit dem Göttlichen. Der bereits erwähnte Marcion gründete sogar eine Kirche mit eigenem Kanon, indem er die Briefe des Paulus und das Lukasevangelium im Licht des iranischen Dualismus interpretierte. Die von Gott geschaffene Welt sei verderbt und müsse mit Hilfe strenger Askese überwunden werden, Jesus selbst sei gar kein Mensch gewesen, sondern ein Gott und habe nur einen Scheinleib besessen (Doketismus). Zur gleichen Zeit verkündete der ekstatische Prophet Montanus in Phrygien (Kleinasien) eine neue Offenbarung. Das Reich Gottes stehe unmittelbar bevor, er, Montanus, habe von Gott den Auftrag erhalten, die Menschen darauf vorzubereiten.

Die Einigung darauf, was als unabdingbarer Glaubensbestand zu gelten habe sowie die Verteidigung dieses Konsenses nach außen wurde zu einer vordringlichen Aufgabe für die junge Kirche. Eine ausformulierte und sich bald verselbstständigende Satansvorstellung leistete dabei gute Dienste. Die Mehrzahl der frühen Theologen sah im Neid Satans auf den Menschen, vor dem er nach Gottes Willen eigentlich das Knie hätte beugen müssen, die Ursache für sein Aufbegehren. Andere, wie etwa Origenes (185–254), machten dafür den Stolz Satans verantwortlich. Origenes war es auch, der als Erster den »gefallenen Stern der Morgenröte« aus Jesaja 14 mit Luzifer identifizierte.

Luzifer

In Jesaja 14 wird ein Spottlied auf den König von Babel gesungen. Die dabei verwendeten Metaphern wurden später auf den Teufel bezogen. »Ach, du bist vom Himmel gefallen, du strahlender Stern der Morgenröte. Zu Boden bist du geschmettert, du Bezwinger der Völker«, heißt es in Jesaja 14,12, während Jesus zu seinen Jüngern sagt: »Ich sah den Satan wie einen Blitz vom Himmel fallen« (Luk. 10,18). Beiden Textstellen liegt das Bild vom gefallenen Morgenstern zugrunde, das auf den griechischen Mythos vom Sonnenlenker Helios und seinem Sohn Phaethon zurückgeht. Einst wollte Phaethon selbst einmal den Sonnenwagen lenken und es gelang ihm, seinen Vater dazu zu überreden. Doch er war der Aufgabe nicht gewachsen, geriet aus der Bahn und stürzte vom Himmel. Aus unbekannten Gründen wurde der Phaethon-Mythos mit dem Morgenstern Venus identifiziert. Dessen griechischer Name Eosphoros lautet in der lateinischen Übersetzung Luciferus (Lichtbringer). In der Folgezeit dienten Jesaja 14 und Lukas 10 als Beleg für die – im Grunde falsche – Gleichsetzung von Phaethon mit Eosphoros bzw. Luzifer. In der Bezeichnung »Lichtbringer« klingt die positive Bedeutung an, die dem »gefallenen Engel« eigentlich zukam, doch obwohl er ursprünglich nichts mit dem Satan zu tun hatte, ist Luzifer zu seinem häufigsten Synonym geworden.

Den Ausschlag bei der Definition des Satansverständnisses gab jedoch Augustinus (354–430). Ihm gelang es in überzeugender Weise, alle Traditionen seiner Epoche aufzunehmen und daraus eine neue Theologie zu formulieren. Die Auseinandersetzung mit dem Ursprung und der Bedeutung des Bösen bildete einen Schwerpunkt seines theologischen Interesses. Da er vor seiner Bekehrung neun Jahre lang Anhänger des Manichäismus gewesen war, übertrug er dessen dualistische und pessimistische Weltauffassung auf das Christentum. Das Böse sei durch Adam in die Welt gekommen, seine Sünde pflanze sich durch die Zeugung fort. In seinem Hauptwerk *De civitate Dei* (Vom Gottesstaat) beschreibt Augustinus den Ablauf der Geschichte als

Kampf zwischen den Mächten des Lichts und der Finsternis. Die Auserwählten, die sich in der Kirche als der sichtbaren äußeren Gestalt des Gottesstaates befinden, werden am Ende der Zeiten über die Ungläubigen siegen und im Jenseits belohnt. Diese Geschichtsmetaphysik bildete nicht nur die theoretische Basis für den Machtanspruch der mittelalterlichen Kirche, sondern bestimmte auch in entscheidender Weise den Umgang mit dem Phänomen des Bösen. Satan als Herr dieser Welt müsse mitsamt seinem Dämonenheer von den Gläubigen bekämpft werden. Dabei liege es in der freien Entscheidung des Menschen, ob er sich auf die Seite Gottes oder die des Satans schlage.

Die Satanslehre erfüllte mehrere nützliche Funktionen. Zunächst einmal ließen sich mit ihrer Hilfe die Zustände in der außerchristlichen Welt erklären. Diese, so hieß es, werde von Unwahrheit und Chaos beherrscht, die heidnischen Götter verkörperten das Dämonische schlechthin. Wer daher die christliche Botschaft nicht annehmen wollte, musste zwangsläufig unter dem Einfluss des Satans stehen. Zum Zweiten ließen sich damit die Leiden der Gerechten verständlich machen. Es waren die dämonischen Mächte, die die Bekenner des christlichen Glaubens entweder bloß in Versuchung führten – wie im Fall des heiligen Antonius – oder sogar der Verfolgung, der Folter und dem Tod preisgaben. Die Märtyrer galten als Vorbild, weil sie den dämonischen Einflüsterungen bis in den Tod widerstanden. Drittens gab die Satanslehre der Kirche ein brauchbares Instrument zur Bekämpfung der Häresien (abweichenden Meinungen) in die Hand. Noch lange sollte die Verteufelung der Ketzer ein gängiges Verfahren in der Auseinandersetzung mit den Kirchenkritikern bleiben. Und viertens schließlich ließen sich mit Hilfe des Teufels irdisches Leid und Unrecht erklären. Warum mussten die Gläubigen weiterhin leiden, obwohl ihnen das Evangelium eine neue Welt und ein neues Leben versprochen hatte? Eben darum, weil die Macht des Teufels noch nicht endgültig gebrochen war. Ein Teil der himmlischen Heerscharen hatte sich unter Führung des ungehorsamen Satans von Gott abgewendet und trieb nun sein Unwesen unter den Menschen. Der »Fürst dieser Welt« trachtete danach, seine Rebellion gegen Gott erfolgreich zu beenden und die ganze Erde zu beherrschen, indem er die Menschen verwirrte, versuchte und verführte. Sein Neid auf Adam und sein Stolz auf die eigene Stärke hatten ihn, der anfänglich ein vollkommenes Lichtwesen gewesen war, veranlasst, sich an Gottes Stelle zu setzen. Solange aber der Kampf zwischen Gott und Satan noch währte, solange hätten die Gläubigen auszuharren und ihren Teil zur Rettung der Welt beizutragen. Das Gottesreich, an dessen unmittelbares Bevorstehen die frühen Christen glaubten, entrückte immer weiter in eine ungewisse Zukunft – und damit auch die Hoffnung auf ein baldiges Ende der dämonischen Bedrängnis.

Die ablehnende Haltung gegenüber der Sexualität entstammte ebenfalls dem gnostischen Erbe der Kirche. Nach Ansicht der Gnostiker hielt die fortwährende Zeugung neuen Lebens den Kreislauf des Leidens in Gang, weshalb man der Askese hohen Wert beimaß. Eine Figur wie der altgriechische Hirtengott Pan eignete

Pan

Der Pan des griechischen Mythos war ein wilder, ungestümer Gott, der durch die Wälder streifte, über Felsen sprang, Nymphen auflauerte und ganz allgemein seine Freude an gesetzlosem Treiben hatte. Bildliche Darstellungen zeigen ihn häufig in halb menschlicher, halb tierischer Gestalt, struppig, gehörnt und klauenfüßig. Wer Pan unbedacht im Schlaf aufstörte, dem jagte der Gott den nach ihm benannten »panischen Schrecken« ein. Die ungezügelte und unkontrollierbare Triebhaftigkeit Pans prädestinierte ihn dazu, zur Symbolgestalt einer Sexualität zu werden, die von der Kirche vehement bekämpft wurde.

sich daher in hervorragender Weise zur Verkörperung dieser sexualfeindlichen Einstellung. Im Lauf der Zeit gingen die markanten Merkmale Pans, die Hörner und die Bocksfüße, immer mehr auf die Gestalt des christlichen Teufels über.

Die gnostischen Elemente, die die westliche Kirche bis zum fünften Jahrhundert soweit eliminiert bzw. im christlichen Sinne transformiert hatte, dass sie keinen nennenswerten Einfluss mehr ausübten, gelangten im Mittelalter in Form neugnostischer Lehren abermals nach Europa. Im siebten Jahrhundert war in Armenien die Gemeinschaft der Paulicianer entstanden, im zehnten Jahrhundert in Bulgarien die der Bogomilen und von diesen beeinflusst im elften Jahrhundert die der Katharer. Die Lehre der Katharer gab den Anstoß zur Bildung der Albigenser im zwölften Jahrhundert. Alle diese Gemeinschaften hingen einer gnostisch-dualistischen Auffassung an, nach der Satan die Welt geschaffen hatte und hinfort als Widersacher Gottes agierte.

Die Katharer

Ab der Mitte des zwölften Jahrhunderts bezogen die Katharer in Südfrankreich und Oberitalien Stellung gegen die Kirche. Ebenso wie andere neugnostische Bewegungen lehnten sie den Machtanspruch des Papstes, die Ehe, die kirchlichen Sakramente und Zeremonien, Fleischverzehr und Gewaltanwendung ab. Indem sie einem Ideal vollkommener Reinheit nacheiferten, wollten sie quasi das Himmelreich auf der Erde erzwingen. Dieser Vorstellung verdanken sie auch ihren Namen, denn das griechische »katharoi« bedeutet »die Reinen«, wovon das deutsche »Ketzer« abgeleitet wurde. Ihr rigoroses Eintreten für ihre Ideale, in dem auch ihre Kritik am Zustand und am Verhalten der Kirche zum Ausdruck kam, brachte ihnen einerseits einen beachtlichen Zulauf, setzte sie aber andererseits auch verstärkter Verfolgung aus. Nach der Lehre der Katharer hat Satan die Welt geschaffen, um die Seelen in ihr gefangen zu halten. Erlösung kann es nur geben, wenn der Mensch die Welt verlässt, unter Umständen sogar durch Selbstmord mittels Nahrungsverweigerung. Nach einer der Hochburgen der Katharer, der südfranzösischen Stadt Albi, wurden die Albigenser benannt, die sich zu einer mächtigen antikirchlichen Bewegung entwickelten. Zwischen 1209 und 1229 sah sich die Kirche genötigt, einen regelrechten Kreuzzug gegen die Albigenser zu führen, der mit ihrer fast vollständigen Vernichtung endete.

Die Paulicianer unterschieden zwischen einem Gott, der nach ihrem Glauben die gute, geistige Welt geschaffen hatte und einem anderen, der als Schöpfer der irdischen, von Dämonen beherrschten Welt galt. Jesus sahen sie als engelgleiches Wesen, das als Bote des Lichts in die dunkle Welt gesandt wurde. Bogomil, ein bulgarischer Priester, griff diese Ideen auf und wandelte sie ab ca. 930 weiter ab. Er predigte Buße, Demut und Armut und führte das manichäische Erbe fort, mit dem Unterschied allerdings, dass er sowohl Satan als auch Jesus als Söhne Gottes bezeichnete. Satan habe die materielle Welt geschaffen, und der Mensch müsse sich von ihr befreien, indem er auf Geschlechtsverkehr, Fleischgenuss und Besitz verzichte. Besonders unter der Landbevölkerung Südosteuropas und Kleinasiens konnte Bogomil viele Anhänger gewinnen, im 13. Jahrhundert wurde die bogomilische Lehre vorübergehend sogar Staatsreligion in Bosnien.

DIE ZEIT DER HEXENVERFOLGUNGEN

Die in langjährigen theologischen Debatten und in Reaktion auf die Herausforderung durch das gnostische Denken entstandene offizielle Kirchenlehre, wonach auch der Teufel ein Geschöpf Gottes und die Sünde unter anderem Ergebnis des freien Willens sei, konnte sich in den breiten Volksschichten nicht durchsetzen. Plausibler und besser nachvollziehbar erschien die dualistische Anschauung vom Kampf zwischen einem guten und einem bösen Prinzip, wie es das apokalyptische Schrifttum so prägnant geschildert hatte. Einen spürbaren Bedeutungszuwachs erlebten die Satansvorstellungen am Ausgang des ersten Jahrtausends, als viele Menschen das Ende der Welt erwarteten. Im Hochmittelalter dann gestalteten zwei bedeutende geistige Persönlichkeiten das Satansbild weiter aus: Thomas von Aquin für die Theologie und Dante Alighieri auf literarischem Gebiet.

Thomas von Aquin (1225–1274) erwarb sich als einflussreichster Theologe der mittelalterlichen Kirche große Verdienste um die – aufgrund des Wissenszuwachses – immer wichtiger werdende Vermittlung zwischen Glauben und Vernunft. Seine vorbildliche Systematik wirkte in Form der Scholastik bis in die Neuzeit hinein. Thomas war aber auch einer der geistigen Wegbereiter der Hexenverfolgungen. Dem Teufel schrieb er reale Wirksamkeit zu, wobei er insbesondere auch die Incubus- und Succubuslehre vertrat. Seine Äußerungen zu Ursprung und Wesen der Dämonen wurden zu verbindlichen Leitsätzen, an denen sich alle zur Zeit der Hexenverfolgungen maßgebenden Autoritäten orientierten.

Incubus und Succubus

Die Probleme, die sich aus der angenommenen Wirkmöglichkeit von Teufel und Dämonen in der Menschenwelt ergaben, waren Gegenstand zahlreicher Spekulationen. Da dem Teufel die Fähigkeit nachgesagt wurde, nach Belieben weibliche oder männliche Gestalt anzunehmen, mussten die Experten für derartige Vorkommnisse, die Dämonologen, Unterscheidungs- und Erkennungsmerkmale entwickeln. Als Incubus bezeichneten sie die so genannten Buhlteufel, die als Mann in Erscheinung traten und Geschlechtsverkehr mit menschlichen Frauen aufnahmen. Ein Succubus hingegen war ein weiblicher Dämon, der mit Männern verkehrte. Auch für Thomas von Aquin stand die Möglichkeit des Sexualkontakts zwischen Menschen und Dämonen außer Zweifel. Diese Lehre behielt die Kirche während der gesamten Epoche der Hexenverfolgungen und darüber hinaus bei.

Dante Alighieri (1265–1321) hatte mit seiner genialen *Göttlichen Komödie* nicht nur die italienische Sprache aus der Taufe gehoben, sondern darin auch – in Anlehnung an Thomas von Aquin – die komplexen geistesgeschichtlichen Traditionsstränge aus Askese, Mystik und Apokalypse verarbeitet. Dante wollte zeigen, dass der Mensch seine Seele durch Askese läutern und näher zu Gott führen könne. Mit Hilfe der Mystik sollte der Mensch das Geheimnis und die Allmacht Gottes erahnen; durch apokalyptische Bilder übte Dante Kritik am Zustand der damaligen Kirche. Seine drastischen Schilderungen der Höllenqualen verfolgten einen erzieherischen Zweck. Der Leser sollte sich die Strafen vergegenwärtigen, die ihn als Sünder nach dem Tod erwarteten. Den Teufel beschrieb Dante als dreiköpfiges, gehörntes Ungeheuer mit scharfen Zähnen und Klauen. Die fantasievolle und detaillierte Darstellung Satans als bedrohliches Monster, als Höllenfürst und Hexenmeister, in Grauen erregender Tiergestalt oder als listiger Verführer waren bis ins 17. Jahrhundert hinein häufig verwendete Motive in Kunst und Literatur.

Die wirklich »teuflischen« Auswirkungen bekamen vor allem Frauen zu spüren. Auf sie projizierten die Dämonologen und Hexenjäger ihre eigenen Ängste, Aggressionen, unerwünschten Triebregungen, Hassgefühle und Wahnvorstellungen. Zwischen 1275, als im französischen Toulouse die erste Frau als Hexe verbrannt wurde, und dem Ende des 18. Jahrhunderts fielen Abertausende von Menschen, die meisten von ihnen Frauen, der Inquisition zum Opfer. Die Inquisition (Untersuchung) war zum Zweck der Ketzerbekämpfung und der Reglementierung abweichender Glaubensäußerungen im Jahre 1231 von Papst Gregor IX. als päpstliche Behörde eingerichtet worden. Mit der weltlichen Macht hatte sich der Papst darauf verständigt, dass die Kirche die Untersuchung leiten und der Staat die verhängte Strafe vollstrecken sollte, entsprechend dem Motto der damaligen Kirchenvertreter, das da lautete: »Die Kirche trinkt kein Blut.« Das inquisitorische Verfahren folgte stets dem gleichen Ablauf: Die Verdächtigen wurden befragt und, sofern sie keine befriedigende Antworten gaben, der Folter unterworfen. Am Ende der Tortur stand fast immer das Geständnis, sich mit dem Teufel eingelassen zu haben, von ihm geschwängert worden zu sein oder selbst Menschen und Tiere verhext zu haben. Denn die Folterknechte wandten beträchtlichen Erfindungsreichtum an, um an das gewünschte Ziel zu kommen. Das Standardwerk zur Erkennung des Teufels und seiner Erfüllungsgehilfen war dabei der *Hexenhammer*. Ihren Höhepunkt erreichte die Hexenverfolgung im 16. Jahrhundert, in Deutschland zwischen 1590 und 1630.

Der Hexenhammer

Unter den zahlreichen Werken, die sich mit dem Wesen und den Umtrieben der Dämonen befassen, ragt der *Hexenhammer* (*Malleus Maleficarum*) als maßgebliche Schrift heraus. Er wurde zum Handbuch aller Inquisitoren. Die Dominikanermönche Heinrich Institoris und Jakob Sprenger hatten 1487 die damals im Umlauf befindlichen Theorien, volkstümlichen Überlieferungen, Gerichtsverfahren und Berichte, die sich mit der Hexerei befassten, zusammengetragen und als dreiteiliges Buch veröffentlicht. Papst Innozenz VIII. hatte sie beauftragt, sich um das Treiben der Hexen in den deutschsprachigen Ländern zu kümmern; mit seiner Bulle »Summis desiderantes affectibus« vom 5. Dezember 1484 ruft er zur aktiven Bekämpfung der Hexen auf. Ermittlung der Straftaten, Überführung der Täter und ihre Auslieferung an die weltliche Gewalt sei alleinige Angelegenheit der Kirche. Damit forderte der Papst für die Inquisition das uneingeschränkte Recht in allen Fragen der Hexenverfolgung. Als Begründung, warum gerade Frauen der Hexerei nachgingen, listet der *Hexenhammer* ihre Leichtgläubigkeit und Empfänglichheit für dämonische Einflüsterungen, ihre Beeinflussbarkeit, ihre Unfähigkeit, Geheimnisse für sich zu behalten, ihre Rachsucht und Unbeherrschtheit auf. Ihr ganzes Handeln sei von fleischlicher und unersättlicher Begierde bestimmt, zu deren Befriedigung sie die Dämonen brauchten. Aggressives männliches Sexualverhalten entschuldigt der *Hexenhammer* hingegen mit Beispielen folgender Art: Ein Bischof, der ins Schlafzimmer einer Adligen eingedrungen war und die Dame belästigte, wurde zwar ertappt, aber nicht belangt. Denn die zuständigen Autoritäten befanden, dass der Teufel die Gestalt des Bischofs angenommen habe und der »echte« Bischof deshalb unschuldig sei.

Warum es zu derartigen Exzessen von kaum vorstellbarer Grausamkeit kam, ist immer noch Gegenstand der Forschung. Mit Sicherheit aber ist nicht eine einzige Ursache dafür verantwortlich zu machen. Eine Hypothese unter anderen lautet, dass man die »weisen Frauen« vernichten wollte, das heißt Frauen, die Kenntnisse im Bereich der Empfängnisverhütung und Abtreibung wie auch der Heilkunde im Allgemeinen besaßen. Sowohl weltliche Machthaber als auch Kirchenobere wollten auf diese Weise unterbinden, dass Frauen Einfluss auf die Bevölkerungspolitik gewannen bzw. über Wissen verfügten, das sich staatlicher Kontrolle entzog. Eine zweite Annahme geht davon aus, dass die noch existierenden Reste vorchristlicher Religionen einschließlich der aufgekommenen Ketzerbewegungen vollständig und endgültig ausgelöscht werden sollten. Nicht zu unterschätzen ist auch die Möglichkeit der Bereicherung, die sich durch die Beschlagnahmung des Vermögens der Verurteilten ergab. Diese und weitere Faktoren psychosozialer und politischer Art führten gemeinsam zu dem Wahn, der Teufel treibe sein Vernichtungswerk an der Menschheit. Und nachdem die Tötungsmaschinerie erst einmal angelaufen war, entfaltete sie eine Eigendynamik, die von außen nicht mehr zu stoppen war. Während der ganzen Phase der Hexenverfolgungen hatte es mahnende und kritische Stimmen gegeben, die jedoch ungehört blieben oder die Mahner selbst auf den Scheiterhaufen brachten. Nicht die Vernunft sorgte am Ende dafür, dass der Prozess der Verfolgung und Vernichtung aufhörte, sondern die Tatsache, dass er für die Initiatoren unkontrollierbar geworden war. Als immer häufiger Repräsentanten von Kirche und Staat selbst unter Anklage gerieten, weil auch sie sich der Atmosphäre hysterischer Teufelsangst nicht entziehen konnten, setzte allmählich ein Umdenken ein. Man begann Sinn und Nutzen der Inquisitionsindustrie – die ein florierendes Geschäft mit vielen Arbeitsplätzen darstellte – kritisch zu hinterfragen. Hinzu kam, dass die Reformation die Vormachtstellung der katholischen Kirche eingeschränkt hatte – allerdings hatten sich die Protestanten genauso an den Verfolgungen beteiligt. Erst jetzt also konnte sich eine Gegenbewegung bilden, die stark genug war, dem Treiben ein Ende zu setzen. 1698 wurde die letzte »Hexe« im deutschen Sprachraum in Rostock verbrannt.

DER SATANISMUS IN DER NEUZEIT

Nachdem die Kirche vom elften bis zum 13. Jahrhundert in den Zenit ihrer Macht aufgestiegen war und sich das Papsttum zu einer weltbeherrschenden Institution entwickelt hatte, trat – ausgelöst durch die Erschütterung bis dahin gültiger Gewissheiten – ab dem 14. Jahrhundert eine wachsende Verunsicherung ein. Erkenntnisfortschritte über Mensch und Natur auf der einen und Reformbewegungen innerhalb der Kirche auf der anderen Seite ließen das festgefügte Weltbild ins Wanken geraten. Luther bescherte dem Christentum die zweite große Spaltung nach der Trennung von der Ostkirche, die Entdeckungen von Kopernikus, Kepler und Galilei rückten die Erde aus dem Mittelpunkt des kosmischen Geschehens, die Renaissance belebte lange vergessenes antikes Gedankengut aufs Neue, und die politische Ordnung wurde nicht länger als gottgewollt betrachtet.

Mit dem Machtverlust von Kirche und Adel ging der Aufstieg des Bürgertums einher; Schriftsteller und Künstler entdeckten das Individuum als Größe, die man nicht länger ausschließlich religiös definierte. Man hielt es für möglich, dass der Mensch aus sich selbst heraus, ohne eine Einwirkung des Teufels, böse sein könne. Bildliche Darstellungen Satans zeigen ihn jetzt häufiger in menschlicher, ja sogar schöner und verführerischer Gestalt, während die monströsen Züge verblassen. In die Literatur kehrt die Figur des selbst nach Erlösung verlangenden Teufels zurück. Bereits Origenes hatte angenommen, dass der Teufel beim Jüngsten Gericht wieder mit Gott versöhnt werden solle, eine Ansicht, die die Kirche nach heftigen Kontroversen verworfen hatte. In den Märchen und Sagen des Mittelalters bildete der dumme, tölpelhafte, leicht zu überlistende Teufel ein beliebtes Motiv, das erst im Zuge der reformatorischen Auseinandersetzungen wieder zugunsten des gefährlichen Seelenfängers in den Hintergrund trat.

Ab dem 17. Jahrhundert wird die Gestalt Satans komplexer. Sie verkörpert nun nicht mehr nur das dem Menschen unbegreifliche und bedrohliche Grauen, sondern reflektiert menschliche Regungen wie Furcht, Trauer, Schwermut oder Zweifel. Auch die Zeitumstände spiegeln sich in ihr: So nimmt man sie entweder als mahnendes Beispiel dafür, wohin der in weiten Kreisen immer noch suspekte Freiheitsdrang den Menschen führen kann, nämlich in maßlose Selbstüberschätzung und in anarchisches Chaos, oder man präsentiert sie als leuchtendes Fanal für erfolgreiche Selbstbestimmung und rebellischen Freiheitskampf. Der vorläufige Höhepunkt des Herauslösungsprozesses Satans aus dem rein theologischen Bereich ist 1667 mit dem Roman *Das verlorene Paradies* des Engländers John Milton (1608–1674) erreicht. Milton entwirft ein romantisierendes Satansbild, in dem sich dieser vor allem durch Eigenschaften wie Unbeugsamkeit, Stolz, Schönheit und edle Rebellion auszeichnet. Hundert Jahre später, in Friedrich Gottlieb Klopstocks (1724–1803) Epoche machendem Epos *Der Messias*, ist der Teufel – in deutlicher Anlehnung an Origenes Erlösung suchende Gestalt – eine Figur, die aller dämonischen Anklänge verlustig gegangen ist. Die theologischen Satanslehren waren damit natürlich nicht ad acta gelegt, aber das Bild des Bösen schillerte von nun an ambivalenter als je zuvor.

Mit dem Ende der alleinigen Definitionshoheit der Kirche in Sachen Satan wie in anderer Hinsicht war der Weg für die Entwicklung eines eigenständigen Satanismus geebnet. Ein echter Satanismus im Wortsinne konnte erst dort seinen Anfang nehmen, wo die Figur des Teufels echten Eigenwert gewonnen hatte. Denn zuvor beruhte die wie immer geartete Beziehung zum Teufel auf einer klaren Verhältnisbestimmung: Den Teufel galt es zu meiden, weil er dem Menschen nur schaden wollte, kam es aber doch zum Kontakt, wie im Fall der Hexen, so lagen immer pragmatische Motive vor. Es war ein Verhältnis auf Gegenseitigkeit, man verkaufte dem Teufel seine Seele wegen weltlicher Dinge, um sich Liebesgunst, Reichtum oder Macht dafür einzuhandeln. Ein Sympathisieren mit den Teufel um des

Teufels willen, gar seine Verehrung als positiv besetzter Gestalt wurde erst nach den im 17. Jahrhundert einsetzenden Umdeutungen denkbar.

DER LITERARISCHE SATANISMUS

Im Zeitalter der Aufklärung und mit dem Beginn der naturwissenschaftlichen Forschungen verloren die theologischen Satanslehren weiter an Bedeutung. Fragen danach, wie der Hexenflug vonstatten gehe oder ob der Teufel einen Körper habe, bedurften keiner Antwort mehr, weil die Existenz von Hexen und Teufel widerlegt zu sein schien. In der Philosophie standen nun andere Probleme an, und das Böse wurde als absoluter Egoismus oder als die reine Negation gedeutet. Die Möglichkeit zum Bösen lag im Menschen selbst begründet, was in geradezu paradigmatischer Deutlichkeit der Marquis de Sade (1740–1814) vorführte. Seine Romanhelden handeln grausam und skrupellos und sind allein auf die Befriedigung ihrer abnormen Triebhaftigkeit fixiert. Und sie haben Erfolg dabei, weil sie die Gesetze der Natur vollstrecken, deren Wesen in Grausamkeit, Zerstörung und Qual besteht. Bei einer solchen Sicht der Dinge bleibt für einen Kampf zwischen Gut und Böse kein Platz mehr, denn das Gute ist für de Sade schlicht nicht vorhanden. Insofern rebellieren seine Protagonisten auch nicht gegen Gott oder eine natürliche gottgewollte Ordnung, sondern lediglich gegen die Weigerung der Gesellschaft, ihnen das freie Ausleben ihrer Lüste zu gestatten. Die Loslösung des Bösen vom Teufel ist mit de Sade zwar literarisch vollzogen, zum Vorbild des modernen Satanismus aber konnte er dadurch nicht avancieren

Auch in Goethes (1749–1832) Faust ist der Teufel in Gestalt Mephistos noch nicht mehr als der Geist, »der stets das Böse will und stets das Gute schafft« und somit letztlich nicht der Zerstörer, sondern der als Aufklärer wirkende Erhalter der gottgegebenen Schöpfungsordnung. In der 1869 erschienenen Hymne *A Satana* des italienischen Freimaurers Carducci (1835–1907) triumphiert Satan als Vollender der Vernunft: »Wirf fort deine Fesseln, menschlicher Gedanke, und glänze und blitze von Flammen umgürtet; Materie, erhebe dich; Satan hat gesiegt.« William Blake (1757–1827), ein visionärer englischer Maler und Dichter, sah in Satan den Inbegriff einer den menschlichen Geist befreienden Imagination und den Hoffnungsträger, der eine bessere Zukunft verhieß. Doch schon Blakes Satansbild wies Spuren eines Zweifels am optimistischen Fortschrittsglauben der Aufklärung auf, die dann bei Lord Byron (1788–1824) in aller Deutlichkeit hervortraten.

FAUST

Das Faustthema illustriert auf unübertroffene Weise den Willen des Menschen, sich mehr Macht, Wissen und Genuss zu verschaffen, als ihm von Natur gegeben ist – weshalb er sich mit den teuflischen Mächten einlässt. Die historische Vorlage des Stückes bildete das Leben des Johann Georg Faust (ca. 1480–1540), eines Astrologen, Alchemisten und Magiers, der in Staufen im Breisgau bei einem Laborunfall auf tragische Weise zu Tode kam. Der rasch entstehenden und vielfach literarisch verarbeiteten Legende zufolge hatte Faust in seinem Machtstreben einen Pakt mit dem Teufel geschlossen und diese Tat mit dem Leben bezahlt.

In seinem Drama *Cain* thematisiert Byron das im Zuge der Aufklärung neu gewonnene Selbstbewusstsein des Menschen, das jedoch mit der Infragestellung gewohnter Sicherheiten und anerkannter Normen erkauft wird. Byron lässt sein fiktives Drama in einer unbestimmten Zeit nach der Vertreibung aus dem Paradies spielen. Adam und Eva feiern gemeinsam mit ihren Kindern den Sonnenaufgang, Cain aber hält sich vom Gebet fern. Sein Verhalten rechtfertigt er damit, dass er Gott keinen Dank schulde, denn dieser Gott sei verantwortlich für das Schicksal des Menschen und dessen Tod. Luzifer erkennt in Cain einen Geistesverwandten und bietet ihm das Wissen an, nach dem es ihn verlangt, allerdings unter der Bedingung der völligen Unterwerfung. Obwohl Cain Luzifers Ansinnen zurückweist, erhält er Einsicht in einen Schöpfungsplan, der geprägt ist von der unberechenbaren Willkür und dem sinnlosen Handeln Gottes. Gott erschafft und zerstört, doch er tut es lediglich aus Unzufriedenheit und Langeweile. Schließlich bringt der demoralisierte Cain auf Aufforderung Abels ein Opfer dar, das von Gott abgelehnt wird. Als Cain daraufhin alle Altäre dieses planlos tätigen Gottes zerstören will, gerät er in Konflikt mit Abel und erschlägt ihn.

Der Grundtenor von Byrons Werken sind Kulturmüdigkeit und Weltschmerz. Zum Teil lässt sich diese Haltung aus den Zeitumständen erklären; die einsetzende Industrialisierung und die damit einhergehende Orientierung an den Erfordernissen des Marktes begannen das alte Gesellschaftsgefüge zu zerrütten. Die anfängliche Fortschrittseuphorie wich einer gewissen Ernüchterung, und das zu größerem Selbstbewusstsein erwachende Individuum musste seine Grenzen erkennen. Aber Byrons *Cain* ist nicht nur als beispielhafter literarischer Ausdruck der neuen Verhältnisse zu interpretieren, er reflektiert in seinem Protagonisten zugleich die gewandelte Beziehung des Menschen zu Gott und Teufel. Cain fühlt sich als Fremder in dieser Welt; er hat erkannt, dass Gott keine Ordnung schaffen kann oder will und dass er bei der Bewältigung seines Lebens auf sich allein gestellt ist.

Luzifer kann ihm dabei nur so weit helfen, als Cain bereit ist, sich helfen zu lassen; er ist nicht länger der Verführer der unwissenden Menschen. Denn Voraussetzung für ein erfolgreiches Eingreifen Luzifers ist die

Selbstfindung des Menschen. Erst nachdem der Mensch sich als autonome Persönlichkeit entdeckt hat, kann er in sinnvoller Weise von der Macht Luzifers profitieren.

Lord Byrons *Cain* markiert den Wendepunkt in den literarischen Satansdarstellungen. Erstmals wird der Mensch nicht als willenloses Objekt von Satan verführt, sondern muss sich darauf vorbereiten und frei dazu entscheiden, Schüler Satans zu werden. Damit kann man Byron – der es im Übrigen liebte, in »satanischer« Aufmachung in den Salons zu erscheinen und die Gäste zu provozieren – als ersten Vertreter eines expliziten Satanismus ansprechen. Neben Byron nahmen sich auch zahlreiche andere Schriftsteller des 19. Jahrhunderts des Themas an, ohne sich jedoch zur Sache Satans zu bekennen. Sie benutzten die mit der Figur verbundenen Motive für ihre Romane und Erzählungen, allerdings vor allem als Stilmittel, das sich besonders im Zuge einer damals stärker werdenden literarischen Strömung, die man im Nachhinein als Schwarze Romantik bezeichnete, großer Beliebtheit erfreute. Diese Dichter der Nachtseite der Romantik verdeutlichten, dass das Böse nun auch ohne den Teufel auskam. Als literarische Satanisten im engeren Sinne dagegen könnte man Eliphas Lévi, Charles Baudelaire und Joris Karl Huysmans bezeichnen.

Eliphas Lévi

Der in Paris geborene Alphonse-Louis Constant wurde unter dem Pseudonym Eliphas Lévi (1810–1875) zu einem der berühmtesten und mit über 200 Werken auch produktivsten Okkultisten seiner Zeit. Er unterscheidet strikt zwischen Luzifer und Satan und schreibt beiden Gestalten eigene und spezifische Charakteristika zu. Luzifer ist der Lichtbringer, Satan dagegen die Personifizierung aller Irrtümer und Schwächen. Dahinter verbirgt sich Lévis Bestreben, die durch die Aufklärung bewirkte und verstärkte

Scheidung von Glaube und Vernunft wieder rückgängig zu machen. Dieses Bestreben erklärt sich teilweise auch aus der Biografie Lévis, der ursprünglich katholischer Priester werden wollte, sich dann von der Kirche abwandte und am Ende seines Lebens wieder zu ihr zurückfand. Luzifer repräsentiert Freiheitswillen, Selbstbewusstsein und Vernunft und ist der Beweis dafür, dass die Aufklärung nichts Widergöttliches ist, sondern die Erfüllung des Heilsplans darstellt. Satan hingegen versammelt sämtliche negativen Aspekte auf sich. Wegen des christlichen Hintergrunds ihres Autors fanden die Interpretationen Lévis in okkultistischen Kreisen keine ungeteilte Zustimmung; die von ihm eingeführte Unterscheidung zwischen Luzifer und Satan kam in der Folgezeit gleichwohl häufiger zur Anwendung.

Baudelaire (1821–1867) dachte ähnlich über den Menschen wie der Marquis de Sade, betrachtete ihn als von Natur aus böse und rückte insbesondere die Frau in die Nähe des instinkthaften Tiers. Satan sei der Herr der verderbten Materie, und wenn der Mensch nur tief genug in sich hineinhorche, dann werde er das Böse in sich erkennen. Da es zu Gott keine direkte Verbindung mehr gebe, bleibe dem Menschen nichts anderes übrig, als sich auf das Böse einzulassen und es nach Möglichkeit aus der Distanz zu beobachten. In den *Blumen des Bösen* (1857) stimmt Baudelaire eine lyrische Litanei auf Satan an, indem er ihn als gestürzten Gott preist, der sich seines, des Dichters Elend erbarmen möge.

Der Franzose Huysmans (1848–1907) stammte aus der Schule des Naturalismus und wurde später zum Hauptvertreter der literarischen Décadence. Sein Roman *La Bas* (Tief unten) handelt von der Verkommenheit des Bürgertums wie der Kirche, beide hätten alle moralische Kraft verloren und seien verantwortlich für das soziale Elend der Massen. Im Verborgenen wirkende, satanistische Geheimorden beschleunigten den Verfall der gesellschaftlichen Ordnung und griffen selbst nach der Macht. Huysmans' Beschreibungen schwarzer Messen beruhten zwar auf Fiktionen, wurden aber bestimmend für das Bild, das man sich gegen Ende des 19. Jahrhunderts und darüber hinaus vom Treiben der Satanisten machte.

Bei E.T.A. Hoffmann (1776–1822) wird der Teufel zur Verkörperung von Identitätsverlust und Wahnsinn. In den *Elixieren des Teufels* (1815) ist die Psychologisierung des Bösen nur angedeutet, die 130 Jahre später im *Doktor Faustus* von Thomas Mann voll ausgestaltet wird. Bei Mann steht der Teufel für den archaischen wahnhaften Aspekt der faschistischen Ideologie. Einen anderen Ausgangspunkt wählte Wilhelm Hauff (1802–1827) mit seinen *Mitteilungen aus den Memoiren des Satans*. Hauff karikiert den Zustand der Universitäten und des Kulturschaffens und macht deren Sterilität mit Hilfe des Teufels lächerlich. Satan als Verkörperung des Beharrenden und Konservativen, als Feind aller Veränderung findet sich in unserer Zeit in Stefan Heyms *Ahasver* (1983) wieder.

Die Projektionsfläche, die der Teufel bietet, ist also außerordentlich groß. Je nach dem Blickwinkel des Betrachters lässt sich hier fast alles wiederfinden, was den Menschen beschäftigt. Er kann Verführer und Verführter sein, Rebell und Reaktionär, Verkörperung des Bösen schlechthin wie auch Inbegriff des verhinderten Guten. Mit ihm wird das Unrecht angeklagt und in seinem Namen wird es verherrlicht. Der Widerspruch gehört untrennbar zu seinem Wesen; auch in sich selbst ist der Teufel eine gebrochene Gestalt. Denn was geschähe, wenn er wirklich siegte? Anatole France (1844–1924) hat in *Aufruhr der Engel* diesen Zwiespalt deutlich gemacht. Luzifer verzichtet auf den möglichen, endgültigen Sieg über Gott, weil er erkennt, dass dann lediglich die Rollen getauscht würden. Er, Luzifer, nähme nach und nach die so lange bekämpften Eigenschaften Gottes an, während der gestürzte Gott allmählich zum neuen, selbstbewussten Menschheitslehrer heranreifte. Nur eine unveränderte Welt kann irgendwann »zum Teufel gehen«, sobald sie revolutioniert wird, beginnt der Lauf der Dinge unter umgekehrten Vorzeichen von vorn.

DIE GEDANKENWELT DES SATANISMUS

Zum festen Repertoire satanistischer Vorstellungen gehören der Teufelspakt, die schwarze Messe und das Praktizieren von Magie. Mit dem Teufel zu paktieren, Kirchen und Gräber zu schänden, Blutopfer darzubringen und mit Jungfrauen schwarze Messen zu feiern – all dies wird Satanisten nachgesagt. Was sie selbst darüber mitteilen, klingt weniger verrucht, und abgesehen von den Fällen, in denen der Satanismus zur Rechtfertigung krimineller Handlungen oder zur Befriedigung perverser Veranlagungen herhalten muss, können die entsprechenden spektakulären Berichte getrost ins Reich der Fantasie verwiesen werden.

TEUFELSPAKT

Nach Ansicht der kirchlichen Inquisitoren, die sich dabei auf Augustinus und Thomas von Aquin berufen konnten, waren echte Kontakte zwischen der Welt der Menschen und der der Dämonen nicht nur denkbar, sondern an der Tagesordnung. Auf der Grundlage des *Hexenhammers*, der für die Hexenjäger maßgeblichen Schrift, formulierten die regional zuständigen, meist fürstbischöflichen Autoritäten ihre Fragenkataloge. Gefragt wurde beispielsweise danach, was der Teufel der als Hexe angeklagten Frau versprochen habe, an welchem Ort und zu welcher Zeit dies geschehen sei, wie diese Unterredung vonstatten ging, ob Zeugen zugegen waren, warum die Frau keine Gewissensbisse bekommen habe, welche bösen Taten sie anschließend verübt und ob der Teufel sein Versprechen letztendlich gehalten habe. Da den Fragen immer dasselbe Muster zugrunde lag und die Angeklagten unter der Folter fast ausnahmslos gestanden, was ihre Peiniger von ihnen hören wollten, ergaben sich in der Regel beinahe gleichlautende Antworten. Sie folgten einem einheitlichen Schema: Der Teufel oder einer seiner Dämonen habe sich der Frau, seltener auch dem Mann, genähert und sie bzw. ihn zur Unzucht überredet. Auf die Teufelsbuhlschaft folgte die Teufelstaufe, die Verführten gelobten, Gott zu verleugnen und ihren Mitmenschen zu schaden. Bei der Taufe, so die Aussage weiter, waren Taufpaten zugegen, die häufig als Nachbarn oder Bekannte der Angeklagten identifiziert wurden, die dann ebenfalls auf der Folterbank landeten. Das Taufgeschenk des Teufels, in der Regel ein Goldstück, entpuppte sich am Tag danach als wertlose Scherbe, als Kohlestück, Kötel oder Rübenschnitzel.

Die so »überführten« Personen hatten keine Gelegenheit mehr, die Früchte ihres Teufelspaktes zu genießen, diejenigen, derer man nicht habhaft werden konnte, sollten ihren Frevel spätestens bei ihrem Tod büßen. Denn der Teufel hatte ihnen nach der gängigen Meinung eine Frist gesetzt, bis wann sie auf Erden ihr Unwesen treiben durften. War die Frist abgelaufen, dann holte der Teufel sich die Seele des Sünders als seinen Lohn. Dass man mit dem Teufel ein Vertragsverhältnis – das mit dem Blut des menschlichen Vertragspartners besiegelt wurde – einging, war nicht erst im Zuge der Hexenverfolgungen vorstellbar geworden und endete auch nicht damit. Der wohl bekannteste Teufelspakt ist der zwischen Faust und Mephisto. Die Beweggründe zum Abschluss eines derartigen Pakts sind überaus menschlich, sie liegen im Wunsch nach Reichtum, Macht, geheimem Wissen, nach der Beseitigung lästiger Konkurrenten oder dem Gewinnen von Liebesgunst.

Während Frauen der Pakt meist aufgezwungen wird, indem der Teufel sie seinem Willen unterwirft, entscheiden sich Männer freiwillig dazu. Das christliche Frauenbild hatte sich im Lauf der Jahrhunderte kaum verändert. Die Frau wurde einerseits als Sklavin ihrer Triebe und als geistesschwächeres Pendant des Mannes betrachtet, aber zugleich als die Gottesmutter oder als die unerreichbare »vrouwe« (Herrin) im Minnesang verehrt. Dieser innere Widerspruch im Frauenbild einer traditionell-patriarchalischen Gesellschaft heizte die negativen Reaktionen der männlichen Verfolger noch weiter an. Männern dagegen traute man es eher zu, genug Verstand zu haben, um aus freien Stücken und erfolgreich mit dem Teufel zu verhandeln. Der menschliche Vertragspartner des Pakts war nicht völlig chancenlos; mit Hilfe eines göttlichen Eingriffs – der aber zumindest Reue voraussetzte – oder aber durch eine besondere List konnte er seine Seele am Ende vielleicht doch noch retten.

Der Vorwurf, mit dem Teufel im Bunde zu stehen, konnte jeden treffen, den armen Bauern genauso wie den Papst. Doch im Unterschied zur einfachen Bevölkerung wurden der hohe Adel und Klerus selten belangt, und Päpste blieben vollkommen von der Verfolgung verschont. Nichtsdestotrotz zeigt die lange Liste der verdächtigten Päpste, dass man ihnen solch unheiliges Treiben durchaus zutraute. Berücksichtigt man die vor Papstwahlen getroffenen und mit Geldzahlungen, Pfründen und lukrativen Ämtern entlohnten Abmachungen sowie die überaus weltlichen Ausschweifungen mancher Päpste, denen sogar illegitime Kinder entsprangen, so können diese Zweifel an der Lauterkeit und Rechtschaffenheit der Stellvertreter Christi auf Erden nicht sehr verwundern.

SCHWARZE MAGIE

In der Alltagssprache wird Magie mehr oder weniger mit Aberglauben gleichgesetzt und im absoluten Gegensatz zu unserer modernen rationalen Weltauffassung gesehen. Sie gilt als überholt und durch die wissenschaftlichen Erkenntnisse widerlegt. Seit der Spätantike betrachtete man sie als unvereinbar mit der christlichen Religion, im Mittelalter galt sie als Teufelswerk, und mit Beginn der Aufklärung schien sie endgültig der Vernunft weichen zu müssen. Der Begriff selbst stammt aus dem Altpersischen und wurde von dort ins Griechische und Lateinische übernommen. Ein Magier ist einer, der sich auf die geheime Kunst versteht, sich zu persönlichen oder anderen Zwecke übersinnlicher Kräfte zu bedienen.

In Stammeskulturen leistet Magie unabdingbare Dienste; denn mit ihrer Hilfe wird die Welt geordnet und das Unverständliche verstehbar gemacht. Der Gegensatz zwischen Magie und Religion bildete sich auch vor allem deshalb so stark heraus, weil die Offenbarungsreligion des Christentums in unserem Kulturkreis lange als *die* religiöse Norm galt. Die auch im Christentum, vor allem im Volksglauben und religiösen Brauchtum enthaltenen magischen Elemente wurden dabei einfach ignoriert oder als nichtmagisch definiert. Der Versuch etwa, den Exorzismus als religiösen Akt von einer magischen Dämonenbeschwörung abzugrenzen, stößt auf erhebliche logische und definitorische Probleme. Im Praktizieren religiöser und glaubensmäßiger Überzeugungen lassen sich Religion und Magie nicht immer säuberlich voneinander trennen. Auch dass eine magische Haltung zu Göttern und Geistern der religiösen voranging, gilt als zweifelhaft. Sehr wahrscheinlich haben sich beide Glaubensformen parallel entwickelt und waren von Anfang an gemeinsam vorhanden.

EXORZISMUS
Alle Religionen haben Methoden entwickelt, um den Umgang mit guten und bösen Geistern, Engeln und Dämonen zu reglementieren. Auf verschiedene Weise werden sie zu Hilfe gerufen oder als Unheilsbringer abgewehrt. Exorzismus kann beides bezeichnen, denn das Wort bedeutet, jemanden durch einen Schwur zu etwas zu verpflichten. Erst die jüdische und christliche Dämonenlehre legte den Exorzismus eindeutig als Beschwörung der gegen Gott wirkenden Kräfte fest. Im dritten Jahrhundert richtete die Kirche ein Exorzistenamt ein, das als eine der niederen Klerikerweihen bis 1973 fortbestand. Für die Teufelsaustreibungen wurden feste Ritualformeln eingeführt. Im katholischen »Rituale Romanum«, der Sammlung aller offiziell geltenden Riten, wird auch der »Große Exorzismus« aufgeführt. Dieser darf nur angewendet werden, wenn die zuständige Kirchenbehörde eine Besessenheit als echt erkannt hat und die Erlaubnis des Bischofs vorliegt. Aufsehen erregte 1976 der Fall der Anneliese Michel, die im fränkischen Klingenberg nach einem Exorzismus starb. Anlässlich dieses Vorfalles erklärte die katholische Kirche noch einmal ausdrücklich, dass sie an der Existenz des Teufels und der dämonischen Mächte festhalte.

Wie man das Wesen der Religion nicht einfach nur als Unterwerfung unter den göttlichen Willen bestimmen kann, lässt sich auch das Wesen der Magie nicht ohne weiteres als Manipulation einer transzendenten Macht charakterisieren. Zwar hat Magie mit dem Wunsch nach Macht und versuchter Herrschaftsausübung zu tun, doch stets innerhalb eines religiösen Rahmens. Bei allen so genannten Naturvölkern entstammt die Zauberkraft der transzendenten Welt und ist keine selbstständige Macht. Letztlich wirken hier die Götter und Geister, sie äußern sich in der Tat des Magiers und ermöglichen sie überhaupt erst. Verstünden die Naturvölker die Magie als selbstständig wirkenden Mechanismus, so wären sie angesichts der häufigen Fehlschläge magischer Manipulationen wohl längst selbst dahinter gekommen, dass sie ein untaugliches Mittel verwenden.

Nur durch die mit eingefleischten Vorurteilen einhergehende Übertragung abendländischer Denkweisen auf außereuropäische Kulturen lässt sich der künstliche Gegensatz Religion – Magie aufrechterhalten. Magie an Religion zu messen und zu dem Schluss zu gelangen, es handele sich um »Aberglaube«, oder aber sie der Wissenschaft gegenüberzustellen und sie als Pseudowissenschaft zu entlarven, führt in der Sache nicht weiter und geht am Kern dieser uns fremd gewordenen Weltsicht vorbei. Auch die moderne Naturwissenschaft kann längst nicht alle Phänomene erklären. Häufig hat sie nicht mehr getan, als mythologische Bilder durch physikalische zu ersetzen, z. B. wenn sie den einst von einem Gott herabgeschleuderten Blitz als elektrische Entladung beschreibt, ohne bis heute eindeutig erklären zu können, was Elektrizität überhaupt ist.

Das Pentagramm (Fünfeck) gehört zu den bekanntesten okkultistischen Symbolen. Sein Ursprung ist vermutlich im Altertum zu suchen. Je nachdem, in welchem Zusammenhang es auftaucht, kann es ganz verschiedene Bedeutungen haben. In der Esoterik repräsentiert es die Ganzheit des Menschen bzw. den Mikrokosmos. Weist die Spitze nach unten, so handelt es sich um ein schwarzmagisches Zeichen und gestattet unter anderem die Deutung, dass sich der Erkenntniswille des Menschen auf die Natur und sein eigenes Inneres richtet.

Auch der Versuch, den Begriff Magie durch die Unterscheidung verschiedener Unterarten genauer zu definieren, führt nicht wesentlich weiter. Schwarze und weiße Magie, Kontakt- und Nachahmungsmagie, private und offizielle Magie sind nur Hilfskonstruktionen. Wie die Religion spendet auch die Magie dem Gläubigen Trost und Zuversicht, ihren eigentlichen Nutzeffekt erzielt sie im Inneren des Menschen, nicht in der äußeren Welt. Ein gelungener Zauber stärkt das Selbstbewusstsein und schenkt Vertrauen in die eigenen Kräfte, womit sich dann womöglich tatsächlich der Verlauf der Ereignisse beeinflussen lässt. Über die psychologische Ebene kann sich Magie also sehr wohl spürbar auf die objektiven Verhältnisse auswirken.

Entscheidend für die Beurteilung magischer Praktiken ist deren Zielsetzung. Opfert etwa ein Schamane in einem Ritual ein Tier, um seinem Stamm Jagdglück oder Ernteerfolg zu sichern, so besitzt dies einen anderen Stellenwert, als wenn jemand durch Tötung eines Tieres einem Mitmenschen schaden will. Die konventionelle Trennung zwischen schwarzer und weißer Magie hat also insofern doch wieder einen Sinn, als sie die ethischen Implikationen einer magischen Handlung verdeutlicht. Der schwarzen Magie rechnet man alle jene magischen Operationen zu, deren Absicht es ist, einer Einzelperson oder einer Gruppe Schaden zuzufügen. Weiße Magie dagegen soll schädliche Wirkungen fern halten, die physische und psychische Integrität eines Menschen bewahren und sein gesamtes Leben positiv beeinflussen.

Nach der Vermutung einiger Sprachforscher geht die Bezeichnung »schwarze Magie« nicht allein auf die Gleichsetzung von »schwarz« und »böse« zurück, sondern hat auch eine etymologische Wurzel. Der griechische Terminus »Nekromantie« (Weissagung durch Totenbeschwörung) sei von spätantiken Autoren, die des Griechischen kaum noch mächtig waren, zum latinisierten »Nigromantie« (von »niger«, schwarz, böse, unheilvoll) – also zur »schwarzen Weissagung« – verballhornt worden.

EVOKATION

Unter Evokation versteht man die Anrufung geistiger Wesenheiten mit der Aufforderung, sich zu offenbaren. Berühmten Magiern sagte man die Fähigkeit nach, mittels eines Rituals auf die geistige Welt Einfluss nehmen zu können. Da eine Evokation als nicht ungefährlich gilt, muss eine Reihe von Vorsichtsmaßnahmen beachtet werden, die den Magier vor negativen Einflüssen schützen sollen. Das Ritual besteht aus drei Teilen: der langwierigen und gründlichen Vorbereitung, der eigentlichen Anrufung und der Schlussformel. Die bekannteste Evokation ist die des Teufels. Zwar soll er zuweilen auch spontan erschienen sein, normalerweise aber musste man ihn rufen, wenn man einen Pakt mit ihm schließen wollte. Weit häufiger aber wurden die einfachen Geister beschworen – weil man ihnen leichter befehlen konnte. Hier ging es nicht um einen Pakt; man wollte sie vielmehr beherrschen und zu bestimmten Diensten zwingen, ohne dabei seine Seele zu gefährden. Die verschiedenen magischen Riten und Formeln, mit denen man den Teufel oder die Dämonen glaubte herbeizitieren zu können, bilden einen großen Teil des Inhalts der so genannten Grimoires.

Anleitungen für schwarzmagische Rituale boten ab dem zwölften Jahrhundert die Zauberbücher, auch Grimoires genannt. Vorlagen dafür waren jüdische und arabische Schriften, die während der Kreuzzüge nach Europa gelangten und hier übersetzt wurden. Die Grimoires handeln von den verschiedenen Klassen der Engel und Dämonen sowie der Art und Weise, wie Evokationen durchzuführen seien. Eine der wichtigsten Quellen war der jüdische Talmud, eine ca. 500 n. Chr. abgeschlossene religiöse Lehrschrift, in der die zunächst mündlich überlieferten, dann schriftlich niedergelegten Erläuterungen berühmter jüdischer Gelehrter zur Tora (Altes Testament) gesammelt und kommentiert wurden. Weitere Elemente der Grimoires stammten aus dem ägyptischen und babylonischen Bereich. Die bekanntesten Zauberbücher erhielten ihren Namen von Salomo (ca. 968–928 v. Chr.), dem großen alttestamentarischen König, dem auch bedeutende Kenntnisse der Magie nachgesagt wurden. Die Benutzung der Zauberbücher konnte zwar, so sie ruchbar wurde, inquisitorische Maßnahmen nach sich ziehen; im Allgemeinen aber hielt man es für durchaus vereinbar, Christ zu sein und in persönlichen Notlagen die Grimoires zu Rate zu ziehen.

SCHWARZE MESSEN

Die Vermutung, dass bestimmte Personengruppen mit dem Teufel im Bunde standen und Böses gegen ihre Mitbürger im Schilde führten, führte rasch zu dem Schluss, dass eine derartige heimliche Versammlung dem Zweck der Verschwörung diente. Denn nach der Meinung vieler Theologen plante der Teufel ja ein gezieltes Zerstörungswerk an der Menschheit. Sich im Verborgenen zu treffen, wilde Orgien zu feiern und womöglich auch kleine Kinder zu schlachten, war schon immer ein beliebter und gängiger Vorwurf gegen verfemte Minderheiten. Auch gegen die frühen Christen hatten ihre Gegner solche Anschuldigungen erhoben.

Schwarze Messen im heutigen Sinn lassen sich erstmals für das 17. Jahrhundert belegen. Die Durchführung orientierte sich an den Beschreibungen vom Hexensabbat, insbesondere in Bezug auf die Verkehrung der kirchlichen Liturgie. Vorausgegangen waren einige Aufsehen erregende Vorfälle in französischen Klöstern. Die Priester mehrerer Klöster wurden beschuldigt, Hostien geschändet, Kinder getötet und rituell verzehrt sowie sich an den Nonnen vergangen zu haben. Einen Höhepunkt erreichten die Ereignisse in Loudon nahe Poitiers. Der Beichtvater des dortigen Ursulinenklosters, Urbain Grandier, wurde nach furchtbaren Torturen als Hexer lebendig verbrannt. Das einzig Gesicherte an diesem Fall ist die Tatsache, dass Grandier sich durch politisches Ungeschick mächtige Feinde gemacht hatte und dass die Nonnen bei der Verhandlung hysterische Reaktionen zeigten. Grandiers Gegner nutzten den falschen Hexereiverdacht offenbar bewusst gegen ihn aus. In anderen, ähnlich gelagerten Fällen spielten allem Anschein nach komplizierte sexuelle Beziehungen zwischen Priestern und Nonnen die ausschlaggebende Rolle. Berücksichtigt man, dass viele Nonnen gezwungenermaßen und nicht aus echter Überzeugung das Klosterleben gewählt hatten und es – den Chroniken zufolge – in etlichen Klöstern jener Zeit nicht allein um geistliche Belange ging, andererseits die Sexualität aber immer noch tabuisiert war, so ist ein direkter Zusammenhang zwischen den berichteten hysterischen Ausbrüchen und den stark erotisch gefärbten gegenseitigen Unterstellungen durchaus denkbar. Ob die durch Unterdrückung der Sexualität aufgeheizte Stimmung in den Klöstern den Anlass für tatsächliche schwarze Messen abgegeben haben könnte, darüber lässt sich nur spekulieren. Zweifelsfrei nachgewiesen wurden solche Messen jedoch andernorts.

Hexensabbat

Hexen, so glaubte man, versammelten sich des Nachts an geheimen Orten, um dort mit dem Teufel ein Fest zu feiern. Wie es zu dieser Vorstellung kam, ist unklar; sie beruht wohl auf den Mutmaßungen der Inquisitoren, die sich aus ihren Verhörprotokollen Art und Ablauf dieser Sabbate in fantasievoller Weise zusammenreimten. Denn vor dem 14. Jahrhundert gab es keine Berichte über derartige Hexenversammlungen. Fliegende Wesen waren allerdings schon früher bekannt, etwa die Jagdgöttin Diana oder der Wilde Jäger. Als reale Vorlage könnten die heimlich abgehaltenen, nächtlichen Tanzveranstaltungen von verarmten Knechten und Bauern gedient haben. Auch Erzählungen über die orgiastischen Feiern der Gnostiker flossen möglicherweise in diese Vorstellungen ein. Den Verlauf eines Hexensabbats stellte man sich etwa so vor: Ein bis zwei Tage vor dem Sabbat lädt ein Dämon die Hexe zum Sabbat ein. Absagen kann sie nur aus sehr wichtigen Gründen. Am Tag des Sabbats erscheint entweder der Dämon in Gestalt eines Widders oder eines Ziegenbocks, um der Hexe als Reittier zu dienen, oder aber die Hexe benutzt einen durch magische Salben präparierten Gegenstand wie einen Stock, einen Besen, ein Reisigbündel, eine Mistgabel oder auch ein Tier. In Windeseile erreicht sie den Versammlungsort, wo der Teufel ein Ritual durchführt. Er lässt sich durch Geschenke verehren, und die Teilnehmer müssen seinen After küssen. Manchmal werden kleine Kinder oder menschlicher Samen geopfert. Falls eine Messe zelebriert wird, geschieht dies in Verkehrung der katholischen Riten (indem der Teufel als Schöpfer gepriesen wird usw.). Nach einem opulenten Mahl tanzen die Hexen mit den Dämonen und vereinigen sich mit ihnen in widernatürlicher Weise. Vor Morgengrauen müssen sie wieder in ihren Häusern sein.

Dieser Nachweis ist dem Zufall zu verdanken, denn was sich zwischen 1673 und 1682 in Paris zutrug, sollte eigentlich nie ans Licht der Öffentlichkeit gelangen. Doch eine Kopie der Prozessakten entging der Vernichtung. Diesen Akten zufolge hatten 1673 zwei Priester den Pariser Behörden mitgeteilt, ihnen sei gebeichtet worden, dass es in der Stadt einen Giftmischerring gäbe, der Frauen, die unauffällig ihren Ehemann beseitigen wollten, bei ihrem Vorhaben behilflich sei. Vier Jahre später bewahrheiteten sich diese Behauptungen, als die Polizei bei einer Wahrsagerin ein Giftlager entdeckte. Nachdem dann 1679 das ganze Ausmaß der kriminellen Vorgänge aufgedeckt wurde, war der Skandal perfekt.

Eine eigens eingerichtete Gerichtskammer erließ 367 Haftbefehle, klagte 442 Personen an und verurteilte 36 von ihnen zum Tode. Die Anklage lautete auf Mord und Hexerei. Wie sich herausstellte, hatten die Beschuldigten bei ihren schwarzen Messen nicht nur Tiere geopfert, sondern auch Kinder getötet. Zusammen mit den Abtreibungen, die mit magischen Praktiken nichts zu tun hatten, sollen einer Angabe zufolge mindestens 2500 Kinder umgebracht worden sein. Die schwarzen Messen hatten keinen erkennbar religiösen Hintergrund, ihr Hauptzweck richtete sich auf völlig profane Dinge. So wollte man etwa irgendwelchen missliebigen Personen schaden oder sie gar unter Verwendung von Wachspuppen töten. Anderen Teilnehmern ging es darum, Liebe oder Geldsegen zu erzwingen.

Die Verhöre ergaben, dass die Messen von geweihten Priestern über den Körpern nackter Frauen gelesen wurden. Zu den Messen gehörten Satansbeschwörungen, Hostienschändung – eines der schwersten Vergehen – und Blutopfer. Nahm man menschliche Opfer dazu her, so handelte es sich entweder um abgetriebene Föten, Frühgeburten oder ungewollte Säuglinge. Beschafft wurden sie von Hebammen, die keine Mühe hatten, in den unteren Bevölkerungsschichten des damaligen Paris genügend abtreibungswillige Frauen zu finden. Zuweilen sollen Messen auch so arrangiert worden sein, dass schwangere Prostituierte ihre Kinder dabei zur Welt bringen und unmittelbar für die Opferung freigeben konnten.

Der Grund für die Auflösung der Kammer am 21. Juli 1682 durch den »Sonnenkönig« Ludwig XIV. war nicht etwa der Abschluss der Verhandlungen, sondern die Befürchtung, dass die Affäre weitere Kreise ziehen könnte. Denn je länger der Prozess andauerte, umso mehr drang von diesen seltsamen Gepflogenheiten der gehobenen Pariser Schichten ans Tageslicht. Als dann auch noch Personen aus der engsten Umgebung des Königs, wie seine Mätresse Madame de Montespan, als Mittäter überführt wurden, witterte Ludwig XIV. die politische Gefahr, die ihm dadurch womöglich drohte. Die Einstellung des Prozesses rettete auch einigen weniger prominenten Angeklagten das Leben. Von den Adligen wurde kaum jemand hingerichtet, selbst Madame de Montespan, die die schwarzen Messen anfänglich benutzte, um sich die Gunst des Königs zu erhalten, dann aber, als ihr dies nicht gelang, den König umbringen wollte, durfte ihre Tage im Kloster beschließen.

Den sozialen und geistigen Nährboden für das makabre Treiben bildeten die Verhältnisse in Paris und die noch gültige, mittelalterliche Teufelsauffassung. Hier wurde der Teufel aber nicht verehrt, wie es der Mythos des Hexensabbats beschrieb, sondern lediglich als dämonisches Mittel zum profanen Zweck betrachtet. Was in den sozial verelendeten Schichten von Paris geschah, interessierte niemanden und gewann erst Bedeutung, als die Beteiligung hochgestellter Persönlichkeiten an den Verbrechen bekannt wurde. Warum überwiegend Frauen daran teilnahmen, hatte zwei Gründe: Zum einen waren sie als Wahrsagerinnen, Hebammen und Kräuterkundige – Gifte und Aphrodisiaka spielten eine große Rolle – stärker mit der Materie vertraut und wurden für die Durchführung der Rituale benötigt, zum anderen bot ihnen die Teilnahme praktisch die einzige Hoffnung auf eine Veränderung ihrer ärmlichen Verhältnisse, denn sozialer Aufstieg war nur für Männer erreichbar.

Eine andere Spielart schwarzer Messen entwickelte sich im 18. Jahrhundert in England. 1745, zehn Jahre nach der Aufhebung des Gesetzes, das Hexerei mit der Todesstrafe bedrohte, gründete Sir Francis Dashwood einen »Hell Fire Club«. Solche Clubs waren zuvor so negativ in der Öffentlichkeit aufgefallen, dass die englische Regierung sie 1721 verboten hatte. Gruppen junger Männer aus der gehobenen Gesellschaft hatten die Teufelsanbetung als Belustigung und zum Zeitvertreib betrieben und sich in Wirtshäusern Schlägereien geliefert. Sir Dashwood und sein Hell Fire Club hielten sich dagegen vornehm zurück und feierten zweimal jährlich im privaten Kreis ihre schwarze Messe. Die meisten Mitglieder waren Lords und angesehene oder einflussreiche Persönlichkeiten. Sie konnten es sich leisten, die bürgerlichen Normen zu verletzen, und mussten keine Strafe befürchten. Echte Satansverehrung hatten sie dabei nicht im Sinn, es ging ihnen allein um Genusssteigerung und sexuelle Befriedigung. Dazu ließ man sich eine Reihe extravaganter und zum Teil kostspieliger Details einfallen, so wurden etwa Statuen antiker Nymphen und Liebesgöttinnen aufgestellt und Prostituierte gegen Bezahlung zur Teilnahme an den Messen verpflichtet, die den Adligen lediglich ein probates Mittel waren, um bewusst gegen die herrschenden Moralvorstellungen zu verstoßen, ohne diese tatsächlich verändern zu wollen. Nach dem Bekanntwerden der Ausschweifungen musste der Club geschlossen werden, eine wie auch immer geartete Bestrafung der Lords blieb jedoch aus.

WEGBEREITER DES MODERNEN SATANISMUS

Die schwarzen Messen im Paris des 17. Jahrhunderts und die britischen Hell Fire Clubs hatten mit Sicherheit Vorbildfunktion für die Praktiken späterer Satanisten, eine durchgehende Traditionslinie existiert jedoch nicht. Der moderne Satanismus ist ein Produkt der 1960er-Jahre und hat seine Wurzeln in Kalifornien. Für seine organisatorischen Strukturen haben die Geheimorden des 18. und 19. Jahrhunderts Pate gestanden, als sein geistiger Vater gilt Aleister Crowley.

Eines der wesentlichen Merkmale der Geheimorden ist die Verpflichtung der Mitglieder zur Verschwiegenheit. Damit soll zum einen die eigene, exklusive Lehre in »reiner Form« erhalten bleiben, zum anderen will man sich dadurch vor Nachstellungen der Außenwelt schützen. Daher werden diese Orden auch als »Arkandisziplin« bezeichnet. Doch dies ist keine Besonderheit von Geheimorden oder Satanistengruppen allein, sondern gilt in bestimmten Formen für fast alle Religionen. So war auch das frühe Christentum aufgrund der damaligen Verfolgungen ein solche Arkandisziplin, und noch heute herrscht im Vatikan strengstes Schweigegebot darüber, was hinter seinen Mauern vor sich geht.

GEHEIMORDEN

Im 18. Jahrhundert kam es in Europa zu einschneidenden sozialen und politischen Veränderungen, deren Höhepunkt die Französische Revolution von 1789 darstellt. Die gesellschaftliche Stellung der Kirche und des Papstes wurden heftig diskutiert und von verschiedenen

Gruppen grundsätzlich in Frage gestellt. Aufklärung, Besinnung auf humanistische Ideale, Entwicklung eines neuen Gottes- und Menschenbildes wie es etwa im Deismus (Gott hat die Welt erschaffen, greift aber nicht mehr ein) und den allgemeinen Menschenrechten zum Ausdruck kommt, bildeten eine ungeheure Herausforderung für die Kirche. Zu einem ihrer schärfsten Gegner entwickelte sich dabei die Freimaurerei.

Die Freimaurerei entstand 1717 durch den Zusammenschluss von vier Bauhütten zur ersten englischen Großloge. Eine Loge bezeichnet sowohl den Ort, an dem sich die Freimaurer treffen als auch ihre örtliche Organisation; Großlogen heißen die überregionalen Vereinigungen. Historische Vorläufer der Freimaurerei sind die mittelalterlichen Werkmaurerbruderschaften (Bauhütten), deren Aufgabe die Erhaltung der Dome war. Daher stammt die religiös-symbolische Ausdrucksweise großenteils aus dem Bauhandwerk. Die Freimaurer wollen den Menschen sittlich vervollkommnen, weshalb Selbstlosigkeit, Brüderlichkeit und Toleranz zu ihren Grundprinzipien gehören. Nation, Rasse, Glaube oder Stand sollten keine Rolle spielen. Diese Grundsätze wurden 1723 in den noch heute verbindlichen »Alten Pflichten« festgelegt. 1738 drohte Papst Clemens XII. ihnen die Exkommunikation an, im selben Jahr wurden sie in Hamburg verboten, wo 1737 die erste deutsche Loge gegründet worden war. In Schweden stand die Freimaurerei sogar unter Todesstrafe. Die offizielle Begründung der Kirche für die Ächtung der Freimaurer lautete, diese verträten mit ihrer Lehre vom »Großen Baumeister aller Welten« eine deistische, das heißt rein vernunftorientierte Gottesauffassung, die mit dem christlichen Offenbarungsverständnis nicht vereinbar sei. Außerdem unterminierten sie mit der Zulassung von Nichtkatholiken die Einheit der Kirche. Dahinter stand die Befürchtung der Kirche, immer mehr Boden an die aufkommenden Freiheitsbewegungen zu verlie-

TAXIL-SCHWINDEL

Der ehemalige Jesuit Gabriel Jogand (1854–1907) war 1881 einer Freimaurerloge beigetreten. Nachdem er die Loge 1885 wieder verlassen hatte, veröffentlichte er unter dem Pseudonym Leo Taxil eine Reihe von Schriften gegen die Freimaurerei, in denen er die abenteuerlichsten Vorwürfe erhob. Alle Unterstellungen, die die Kirche gegen die Freimaurer vorgebracht hatte und die bis zur Anbetung des Teufels und dem Feiern scheußlicher Orgien reichten, schienen sich zu bestätigen. Die Gewährsperson des Autors war eine gewisse Diana Vaughan, Taxil zufolge eine leibhaftige Satanstochter und ebenfalls Freimaurerin, doch wie er selbst wieder in den Schoß der Kirche zurückgekehrt. Hocherfreut über diesen unverhofften Mitstreiter, förderte die Kirche die Übersetzung von Taxils Schriften in alle Sprachen der katholischen Welt. Gemeinsam mit Dr. Bataille alias Charles Hacks erfand Taxil den »Palladismus«, die weltweite Verschwörung von Satanisten mit dem Ziel, das Abendland zugrunde zu richten. Der Forderung, Miss Vaughan persönlich zu präsentieren, konnten Jogand und Hacks immer wieder geschickt ausweichen, bis Hacks 1896 schließlich zugab, alles frei erfunden zu haben. Trotz dieses Geständnisses führte Jogand seine Komödie noch ein Jahr lang fort, indem er versprach, Miss Vaughan zu einem bestimmten Zeitpunkt vorzustellen. Dann gestand auch er den Schwindel ein. Als Grund für ihre zwölfjährigen, erfolgreichen Phantastereien gab Hacks an, es habe ihm Spaß gemacht, seine teufelsgläubige Umwelt an der Nase herumzuführen, die ihm selbst die abstrusesten Geschichten abgenommen hätte. Auf die Idee habe ihn die päpstliche Enzyklika »Humanum genus« von 1884 gebracht, in der die Freimaurer als Todfeinde des Papsttums und Komplizen der Kommunisten bezeichnet wurden.

ren, die sich im weiteren Verlauf der Geschichte ja auch als durchaus begründet erweisen sollte.

Weil sie ihre Weltanschauung höher schätzten als die etablierten politischen und religiösen Ideologien und somit Staat und Kirche an die zweite Stelle verwiesen, waren die Freimaurer nicht nur vielen Regierungen, sondern auch dem Vatikan äußerst suspekt. Im Zuge der nationalen Einigung Italiens verloren die Päpste endgültig ihre weltliche Macht, ab 1870 blieb ihnen nur noch die Hoheit über den Vatikanstaat. Die noch 1864 von Papst Pius IX. geforderte Unterordnung von Staat und Wissenschaft unter die kirchliche Autorität hatte kein Gehör gefunden, weswegen die Kirche jetzt alle liberalen und freidenkerischen Bewegungen und mit ihnen die Freimaurer umso mehr dämonisierte. Pius IX. sprach von einer »neuen Schule Satans« und meinte, der Teufel sei »würdig repräsentiert durch diese Jünger der Freidenkerei«. Für einen Momant lang habe Gott der Hölle die Macht überlassen. Auf Betreiben der Jesuiten und angeregt durch den Taxil-Schwindel steigerte Papst Leo XIII. die Verteufelung des Freimaurertums noch und bezeichnete es als eine auf den Neid des Teufels gegründete Gegenkirche und als Synagoge Satans.

In enger Verbindung zur Freimaurerei stehen die Rosenkreuzer. Unter diesem Namen werden verschiedene Gruppen und Bewegungen zusammengefasst, die zum Teil wenig oder gar nichts miteinander gemeinsam haben. Die Herkunft des Namens wird zum einen auf das verwendete Symbol zurückgeführt, ein Kreuz mit einer oder mehreren Rosen. Das Kreuz versinnbildlicht dabei die materielle Welt, die Rose die spirituelle Sphäre. Zum anderen soll es einen gewissen Christian Rosencreutz gegeben haben, der angeblich von 1378 bis 1484 lebte und als der Ahnherr des Rosenkreuzertums gilt. Höchstwahrscheinlich handelt es sich bei ihm aber nicht um eine historische Persönlichkeit, sondern um eine fiktive Gestalt, mit deren Hilfe eine Tradition begründet werden sollte. Die Christian Rosencreutz zugeschriebenen Werke *Fama Fraternitatis* (1614) und *Confessio Fraternitatis* (1615) entstammten dem Kreis um den protestantischen Theologen Johann Valentin Andreae (1586–1654). Die Zielsetzung dieses Freundeskreises lag in der Förderung der Wissenschaften und Künste sowie der reformatorischen Erneuerung von Kirche und Gesellschaft auf der Grundlage eines neuplatonischen und mystischen Weltbildes. Um diese Ziele voranzutreiben, behauptete Andreae die Existenz einer geheimen Bruderschaft, die das Wissen des Christian Rosencreutz bewahrt und weitergetragen habe.

Vorerst verhinderte der Dreißigjährige Krieg eine größere Ausbreitung des Rosenkreuzertums; im 18. Jahrhundert aber erfuhr es unter dem Einfluss englischer Rosenkreuzer und deutscher Pietisten eine Neubelebung. Es waren vorwiegend Einzelpersönlichkeiten, die an die von Andreae initiierte erste Phase anknüpften. Der sich um 1750 in Süddeutschland organisierende »Orden der Gold- und Rosenkreuzer« hingegen wies keine Kontinuität zu den Lehren Andreaes auf, dafür flossen seine Ideen stark in die Freimaurerei ein. Bis zu seiner Auflösung gegen Ende des 18. Jahrhunderts wirkte der Orden vor allem auf politische Kreise, die antiaufklärerisch tätig waren. Aus der Abwehrhaltung gegenüber der Aufklärung kam es damals auch zur Gründung der so genannten Illuminaten.

Die Illuminaten

Ähnlich den Freimaurern und Rosenkreuzern waren auch die Illuminaten (die Erleuchteten) als Geheimbund organisiert und hatten es sich zum Ziel gesetzt, gegen die aufklärerische Richtung innerhalb der Freimaurerei vorzugehen. Am 1. Mai 1776 gründete Adam Weishaupt, ein bayrischer Juraprofessor, diesen Orden, um seinen Schülern alte Weisheiten nahe zu bringen und sie zu sittlicher Reife zu führen. Der noch heute als Verfasser einer Sammlung von Lebensregeln bekannte Adolph Freiherr von Knigge war seit 1780 Mitglied. Er präzisierte und erweiterte die eher dürftigen Ordensregeln und erhöhte die Zahl der Grade von drei auf neun. Nach einer kurzen Periode des Wachstums rieb sich der Orden in internen Streitigkeiten auf. Knigge trat 1784 wieder aus, am 22. Juni desselben Jahres wurde der Geheimbund als staatsfeindlich verboten. Theodor Reuß, der auch den O. T. O. (Ordo Templi Orientis) neu begründete, bemühte sich 1906 um eine Wiederbelebung der Illuminatenidee.

Zu den seit Beginn des 20. Jahrhunderts entstandenen Okkultgruppen, die für sich in Anspruch nehmen, in der Nachfolge der älteren Rosenkreuzer zu stehen, gehören vor allem die »Internationale Rosenkreuzer-Gemeinschaft« (gegründet 1909 von Max Heindel), der »Antiquus Mysticus Ordo Rosae Crucis« (AMORC, gegründet 1916 von Spencer Lewis) und die »Internationale Schule des Rosenkreuzes e. V. / Lectorium Rosicrucianum« (gegründet 1925 von Jan van Rijckenborgh). Berührungspunkte mit dem Satanismus ergeben sich eher indirekt durch den Vorbildcharakter ihrer Organisationsstrukturen, die Herausbildung synkretistischer Lehren und zuweilen auch personelle Überschneidungen. Als echte Satanisten sind die Rosenkreuzer aber keinesfalls zu bezeichnen.

Ähnlich verhält es sich mit der Theosophie. 1875 hatte die Deutschrussin Helena Petrowna Blavatsky (1831–1891) den spiritistischen Zirkel, den sie in New York betrieb, in »Theosophische Gesellschaft« umbenannt. Im Gegensatz zur christlichen Theosophie (Gottesweisheit), die davon ausging, dass Gott dem, der sein Wort hört, höhere Weisheit schenken kann, verstand Blavatsky ihr System als eine Verbindung verschiedener religiöser Lehren, deren vermeintlich geheimer Sinn durch mystische Erkenntnis und okkulte Praktiken geoffenbart werden sollte. Die Welt werde von der »Großen Weißen Bruderschaft der aufgestiegenen Meister« regiert, die über den spirituellen Fortschritt der Menschen und die Vollendung des göttlichen Heilsplans wache. Einer dieser Meister, behauptete Blavatsky, habe ihr die theosophische Lehre auf spiritistischem Wege übermittelt. Luzifer gilt ihr als der »kosmische Widerschein Gottes« und als notwendiger Teil der Schöpfungsordnung, da der Mensch erst durch die luziferischen Eigenschaften in die Lage versetzt werde, Gut und Böse zu unterscheiden und seine Stellung im Universum zu bestimmen. Der Lichtbringer

Luzifer sei in die Materie hinabgestiegen, um diese mit Bewusstsein zu erfüllen. Nur auf diesem Wege habe der Mensch die Fähigkeit erlangen können, sich selbst und die Welt zu erkennen.

Eine der zahlreichen Abspaltungen der Theosophischen Gesellschaft war die Anthroposophie. Rudolf Steiner (1861–1925), von 1902 bis 1913 Generalsekretär des deutschen Zweiges der Gesellschaft, missfielen einige der Lehraussagen Blavatskys und vor allem ihrer Schülerin Annie Besant. So lehnte er beispielsweise die starke Betonung der hinduistischen und buddhistischen Elemente ab, ebenso wie die spiritistischen Praktiken, vor allem aber die Behauptung Besants, in dem jungen Hindu Krishnamurti – der später als eigener, von der Theosophie unabhängiger Weisheitslehrer bekannt wurde – habe sich Jesus Christus reinkarniert. Bei Steiner nahm Luzifer eine Mittlerstellung zwischen Menschen und Göttern ein. In der menschlichen Seele existiere sowohl ein göttliches als auch ein luziferisches Prinzip. Während das göttliche Prinzip den Menschen zu Opferbereitschaft und Liebe veranlasse, führe ihn das luziferische Prinzip zu Freiheit und Selbstständigkeit. Luzifer sei es auch, der den Wissensdrang verursache und fördere. Mit Hilfe der Wissenschaft, symbolisch verkörpert in Luzifer, könne der Mensch zu immer höheren Erkenntnisstufen emporsteigen.

Damit brachte die Anthroposophie ebenso wie die Theosophie das damalige Bestreben zum Ausdruck, die zu einem von der Theologie unabhängigen Dasein erwachte Vernunft und Wissenschaft in einen spirituellen Rahmen zu integrieren und den religiös Suchenden eine esoterische Alternative zu bestehenden Heilsangeboten zu offerieren. Steiner, der auch Kontakt zu Rosenkreuzern hatte und von 1906 bis 1914 als Großmeister des »Ordo Templi Orientis« (O. T. O.) dessen deutschen Ableger, den »Mysteria Mystica Aeterna« (MMA) leitete, betrachtete Luzifer jedoch nicht als eine eigenständige Größe im satanistischen Sinne, sondern fügte ihn in die für die Anthroposophie zentrale Christuslehre ein.

ALEISTER CROWLEY

Der Engländer Aleister Crowley (1875–1947) kann mit einigem Recht als der Stammvater des modernen Satanismus bezeichnet werden, wenn es auch Faktoren gibt, die diesen Anspruch einschränken. Seine magischen Experimente und Neudeutungen vorhandener Systeme stellten wesentliche Innovationen des Okkultismus dar. Am 12. Oktober 1875 in Leamington als Sohn eines Brauereibesitzers geboren, erhielt er zunächst den Namen Edward Alexander. Bereits als Jugendlicher entwickelte er ein starkes Interesse an paranormalen Phänomenen. Bei seinen Eltern stieß er dabei jedoch auf wenig Verständnis, denn sie gehörten der streng christlichen Gemeinschaft der Plymouth Brethren an und erzogen ihren Sohn höchst autoritär.

Die Mutter soll ihren widerspenstigen Sprössling »das Tier« (the Beast) genannt haben, in Anspielung auf das große Tier der Johannesapokalypse, das mit dem Antichrist identifiziert wird und dessen Zahl 666 lautet. Crowley behielt diesen Namen sein Leben lang als Selbstbezeichnung bei, was schon äußerlich seine tief verwurzelte Abneigung gegen das Christentum dokumentierte.

In Cambridge nahm Crowley 1895 ein Studium auf. Am 31. Dezember 1896 erwachte er, wie er in seiner Autobiografie schreibt, um Mitternacht mit dem Gedanken, dass er über ein magisches Mittel verfüge, mit dessen Hilfe er einen wichtigen verborgenen Teil seiner Natur entdecken könne. Von diesem Erlebnis erzählte er Cecil Jones, den er 1899 zufällig in der Schweiz getroffen hatte. Cecil Jones war ein Eingeweihter des

OKKULTISMUS
Abgeleitet vom lateinischen »occultus«, »verborgen, geheim«, meint Okkultismus die Lehre von den verborgenen, das heißt paranormalen Dingen. Im heute gebräuchlichen Sinne taucht der Begriff erstmals in den Werken des Franzosen Eliphas Lévi auf. Der Okkultismus beschäftigt sich mit der gesamten Bandbreite von Phänomenen, die mit den Naturgesetzen scheinbar nicht in Einklang zu bringen oder mit den herkömmlichen Methoden (noch) nicht zu erklären sind, angefangen von der Astrologie über das Pendeln und Kartenlegen bis zum Spiritismus. Einige Bereiche sind inzwischen auch Gegenstand wissenschaftlicher Forschungen geworden. Insbesondere die Parapsychologie erforscht die außersinnliche Wahrnehmung (ASW oder engl. ESP), auch PSI-Phänomene genannt, wie Telepathie (Gedankenlesen), Hellsehen, Präkognition (Vorauswissen zukünftiger Ereignisse) und Psychokinese (Bewegung von Materie durch den Geist). Da sich nicht alle Forschungsergebnisse, wie die Naturwissenschaft es fordert, an jedem Ort und von jedermann reproduzieren lassen, genießt die Parapsychologie einen etwas zweifelhaften Ruf. Doch nur wenn man mittlerweile gesicherte Tatsachen standhaft ignoriert oder scheinrational wegerklärt, kann man die zumindest prinzipielle Möglichkeit okkultistischer Phänomene weiterhin leugnen.

Golden Dawn und brachte Crowley mit dieser Organisation in Kontakt. Dort soll er den entscheidenden Anstoß für seine weitere Beschäftigung mit dem Okkultismus erhalten haben. Schon nach wenigen Übungen, so heißt es, habe er seine Lehrmeister zu deren großem Erstaunen übertroffen.

GOLDEN DAWN
Die genaue Entstehungsgeschichte des Ordens der »goldenen Dämmerung« ist nicht bekannt. Erwähnt wurde der Orden erstmals im Jahr 1887 in England, zwei Jahre später trat er an die Öffentlichkeit. Als Gründungsmitglieder gelten Angehörige der englischen Großloge (Freimaurer) und der Rosenkreuzer-Gemein-

schaft SRIA (Societas Rosicruciana in Anglia). Einer von ihnen, William Woodman, soll ein altes Buch gefunden haben, das in einer Geheimsprache abgefasst war. Seinen beiden Mitstreitern McGregor Mathers und Wynn Westcott sei es gelungen, die Schrift zu entschlüsseln. Sie habe den Weg zu einem Fräulein Sprengel in Nürnberg gewiesen, Inhaberin eines hohen Grades der Rosenkreuzer, die dann die genauen Instruktionen zur Ordensgründung gegeben haben soll. Spätere Versuche, Licht in diese legendären Geschehnisse zu bringen, erbrachten keinen Erfolg. Die Lehre des Golden Dawn umfasste Alchemie, Astrologie, Tarot, Elemente der freimaurerischen, theosophischen und Rosenkreuzerdoktrin und vor allem der jüdischen Kabbala. Ziel war es, größere Erkenntnis über sich selbst und den Kosmos zu gewinnen. Obwohl der Orden sich schon bald wieder auflöste, blieben die von ihm entwickelten Korrespondenzsysteme, das heißt die Wechselbeziehungen zwischen Kabbala, Astrologie, Tarot usw., für viele okkulte Orden richtungweisend.

Bei seiner experimentellen Neugier konnten Crowley die relativ einfachen und »harmlosen« Lehren und Rituale des Golden Dawn auf Dauer nicht genügen, und so begab er sich auf die Suche nach neuen Herausforderungen. Er probierte alle ihm erreichbaren magischen und okkulten Techniken aus und sah sich in fast jedem der damals existierenden Orden um. In viele ließ er sich initiieren, im Freimaurerorden AASR (Alter und Angenommener Schottischer Ritus) soll er den 33. und damit höchsten Grad innegehabt haben. Sein Werdegang als Schöpfer eines eigenen okkulten Systems begann im April des Jahres 1904, als ihm, so Crowley, eine übermenschliche Intelligenz namens Aiwaz das *Liber Al vel Legis* (Buch des Gesetzes) offenbarte. Das *Buch des Gesetzes* enthält den viel zitierten Satz: »Tue was du willst, dies sei das ganze Gesetz.« Einige Autoren, die sich eingehender mit Crowley befasst haben, leiten daraus aber keinen Aufruf zu ungehemmtem Egoismus ab, wie es üblicherweise getan wird. Vielmehr habe Crowley damit den »wahren Willen« gegen den bewussten und unbewussten Willen abgrenzen wollen. Andererseits finden sich in seinem *Liber Al vel Legis* und in seinen Briefen der Aufruf zu Mord, Folter, Vergewaltigung und zum Kindsopfer.

Das Universum beruht laut der Thelema-Lehre (von griech. »thelein«, »wollen«) auf dem Zusammenwirken der drei Wesenheiten Nuit, Hadit und Ra-Hoor-Kuit. Diese Namen sind von ägyptischen Göttern abgeleitet, wobei Nuit für den unbegrenzten Raum bzw. das Nichts steht, Hadit für das Zentrum ohne Ausdehnung bzw. den Willen und Ra-Hoor-Kuit für das Resultat der ständigen Vereinigung von Nuit und Hadit bzw. für die Einheit, die alle Dinge umfasst. Ra-Hoor-Kuit ist auch der Herrscher über den Äon des Horus. Crowley teilt die Menschheitsgeschichte in Äonen (Weltalter) von jeweils 2000 Jahren ein. Auf den Äon des Gottes Osiris folge nun der des Horus. Während Osiris, der altägyptische Totengott, für die Religion des sterbenden Gottes – das Christentum – gestanden habe, verkörpere der königliche Falkengott Horus die neue Religion des Willens und der Stärke.

Im Grunde beabsichtigte Crowley eher einen Kampf gegen das Christentum als die Verehrung Satans. Dessen Name taucht zwar in seinen Schriften auf, aber nur am Rande. Bei seinem Begräbnis ließ er eine von ihm selbst verfasste »Hymne an Pan« vortragen, wodurch er seinen Standpunkt gut verdeutlichte. Denn in der Gestalt des Pan drückt sich genau das aus, worum es Crowley eigentlich ging: Die Überwindung bürgerlicher Normen und Moralvorstellungen, ein freies Leben nach selbst gesteckten Maßstäben und die Propagierung einer »Religion der Starken«. In Sizilien soll Crowley in der von ihm 1920 eingerichteten »Abtei Thelema« in ausgefallenen Fantasiekostümen aufgetreten sein, Drogen genommen und Orgien gefeiert haben. Ordensmitglieder, die von sich selbst in der ersten Person sprachen, mussten ihr »falsches« Ichbewusstsein büßen, indem sie gezwungen wurden, sich mit Rasierklingen die Unterarme aufzuschneiden. 1923 verwies die italienische Regierung Crowley des Landes.

Die Sexualität nimmt einen wichtigen Platz in Crowleys Lehre ein. Nach seinem Eintritt in den Ordo Templi Orientis (O. T. O.) im Jahre 1912 stieg er zehn Jahre später zum Leiter des Gesamtordens auf und for-

Ordo Templi Orientis (O. T. O.)

Der »Orientalische Templerorden« wurde Ende des vorletzten Jahrhunderts von dem Österreicher Carl Kellner (1850–1905) und dem deutschen Theosophen Franz Hartmann (1838–1912) gegründet. Sie legten jedoch keinen Wert auf Öffentlichkeit und hielten die Existenz des Ordens so weit als möglich geheim. Bekanntheit erlangte der O. T. O. erst, nachdem Theodor Reuß im Jahr 1912 praktisch eine Neugründung vorgenommen hatte. Reuß (1855–1923) legte das Schwergewicht auf die schon von Kellner und Hartmann in den Orden eingeführten sexualmagischen Yogapraktiken, die diese von einem amerikanischen Tantriker übernommen hatten. Im tantrischen Yoga dient der rituelle Geschlechtsakt zur Verbindung der polaren männlichen und weiblichen Kraft, wodurch der Praktizierende spirituell wachsen soll. Der O. T. O. nennt die Pflege dieser Praktiken etwas paraphrasierend als das Lehren von »Yoga in allen Formen«. Eine Fortführung der ursprünglichen Überlieferung des Templerordens, wie vom O. T. O. behauptet, muss ausgeschlossen werden, da der Orden der Tempelritter bereits 1312 vom Papst verboten wurde und eine Traditionslinie nur künstlich konstruiert werden kann. Der Hauptgrund für das damalige Verbot lag in dem Vorwurf, die Tempelritter würden bei ihren geheimen Zusammenkünften Baphomet, einen Götzen in Teufelsgestalt, anbeten. Unter dem Namen O. T. O. firmieren heute verschiedene Gruppen, die sich gegenseitig das Recht, diesen Namen tragen zu dürfen, absprechen. Andere sehen sich in der Tradition des O. T. O., wandeln dessen Lehrinhalte jedoch nach eigenem Gutdünken ab.

cierte die dort gängigen Sexualpraktiken, womit er sich teilweise von der ägyptischen Mythologie weg und hin zum indischen Yoga orientierte. Dies war kein Widerspruch für Crowley, sondern reflektierte seine Grundeinstellung, alles auszuprobieren und das für ihn Brauchbare in synkretistischer Weise zusammenzufügen.

1907 hatte Crowley einen neuen Orden gegründet, den Argentum Astrum (Silberner Stern), abgekürzt A. A. (oder engl. S. S. für Silver Star), um seine Anschauungen an Schüler weiterzugeben. Sie sollten zu Magiern ausgebildet werden, die fähig sein sollten, »Herrschaft über die Natur und die Kräfte des eigenen Wesen zu erlangen«. Jeder Mensch sei ein »Stern«, das heißt alle Menschen hätten gleichen Anteil am universellen Sein. Die Aufgabe des suchenden Menschen bestehe darin, durch die Schulung des wahren Willens sein Einssein mit der universellen Kraft zu erkennen und danach zu leben. Voraussetzung dafür sei es, das gewohnte Ich aufzugeben. Der höchste Grad im A. A. ist der Ipsissimus, »der Meister aller Arten der Existenz« und »ein Meister des Gesetzes der Unsubstanzialität«. Die Annahme, dass dem Ich des Menschen keine Substanz zukomme, entspricht der buddhistischen Lehre des Nicht-Ich. Satanisten hingegen wollen unter allen Umständen an ihrem Ich festhalten, ihr Ziel besteht ganz im Gegenteil in der Stärkung des individuellen Bewusstseins. Mit seiner Thelema-Lehre und der Betrachtung Satans als eigenmächtig handelndem Wesen, das nicht mehr gefallener Engel, sondern siegreicher Rebell ist, gab Crowley dem satanistischen Denken zweifellos wichtige Anstöße. Er kann als einer der geistigen Väter des modernen Satanismus angesehen werden. Doch die in seiner Lehre ebenso deutlich vorhandenen mystischen Elemente verbieten es gleichzeitig, Crowley ohne weiteres dem Satanismus zuzuschlagen.

DER ORGANISIERTE SATANISMUS

Unter den Vereinigungen, die sich selbst als satanistisch verstehen, treten lediglich zwei in nennenswerter Weise an die Öffentlichkeit: die Church of Satan und der Temple of Set. Es gibt zwar eine Reihe weiterer, meist amerikanischer Gruppen, die zumindest ihrem Namen nach etwas mit Satan zu tun haben könnten, doch sie verfügen kaum über eine eigene, klar erkennbare Lehre und Organisation, sondern verwenden Versatzstücke verschiedener Traditionen. Außerdem ist ihre Existenz häufig nur von kurzer Dauer, oder sie geben sich ständig neue Namen. Andere wiederum, wie die Fraternitas Saturni oder der Ordo Saturni, gehören ihrem Selbstverständnis nach zu den okkultistischen Vereinigungen. Trotzdem werden sie in vielen Büchern immer wieder fälschlicherweise dem Satanismus zugerechnet.

Wie schwierig hier genaue Beurteilungen sind, zeigt der häufig als Paradebeispiel zitierte Fall einer Aussteigerin aus der Gruppe The Black Omen (das Schwarze Omen). Obwohl das Internet zahlreiche Einträge dazu verzeichnet, gibt es keine wirklich verlässlichen Informationen über diesen angeblichen Satanistenzirkel. Während die einen den Aussteigerbericht als fundierte Quelle für satanistische Praktiken ernst nehmen, glauben andere nachweisen zu können (wie etwa die Evangelische Informationsstelle, www.relinfo.ch), es handele sich um einen nicht durch Fakten belegbaren, frei erfundenen Bericht. In diesem wie in vielen ähnlichen Fällen werden eindeutige Sachverhalte oftmals eher suggeriert statt tatsächlich bewiesen.

CHURCH OF SATAN

1966 gründete der ehemalige Polizeifotograf Anton Szandor LaVey eine Satanistenorganisation, der es als Erster gelang, in den USA als Kirche anerkannt zu werden. Während seines Polizeidienstes, so LaVey, sei ihm immer klarer zu Bewusstsein gekommen, wie animalisch der Mensch im Grunde genommen sei. Wegen seiner Fähigkeit, bewusst böse zu handeln, sei er sogar gefährlicher und unberechenbarer als jedes wilde Tier. Mit wilden Tieren kannte LaVey sich aus, als Jugendlicher hatte er sich einem Wanderzirkus angeschlossen und es dort bis zum Löwenbändiger gebracht. Seine Vorliebe für Raubkatzen behielt er auch in seinem späteren Leben bei, und einen Löwen, den er als Haustier hielt, musste er nach Protesten seiner Nachbarn an den Zoo von San Francisco abgeben. Nachdem er einige Zeit lang als Klavierspieler durch Bars und Clubs getingelt war, wechselte er in den Polizeiberuf.

In seiner Freizeit beschäftigte sich LaVey mit dem Okkultismus und rief 1965 einen Zirkel ins Leben, in dem man sich mit okkultistischen Themen auseinander setzte. Aus diesem Zirkel ging ein Jahr später die Church hervor, die bis 1970 eine lokale Einrichtung blieb. Zwischen 1970 und 1974 versuchte LaVey, die Church in ganz Nordamerika bekannt zu machen. Auf Interesse stieß sie vorwiegend unter jüngeren Intellektuellen, Geschäftsleuten und Schauspielern, darunter auch Jayne Mansfield und Roman Polanski. Aber es haben nie mehr als einige hundert Personen zur Church gehört, viele fanden es einfach nur chic, sich per Visitenkarte als Satanist vorzustellen.

LaVey predigte einen radikalen Individualismus, Heil gab es für ihn nur im Diesseits; Religionen, die auf ein Jenseits vertrösten, waren für ihn lediglich Unterdrückungsinstrumente. Satan übernimmt die Funktion eines Gegenmodells, er steht für die Befreiung von künstlich auferlegten Beschränkungen und die Ablehnung lustfeindlicher Ideologien. Die natürlichen Bedürfnisse des Menschen gelten als legitim; ihr Ausagieren mit Sanktionen zu belegen, widerspreche dem Wesen des Menschen. Die sieben Todsünden des Christentums, Neid, Stolz, Gier, Wut, Völlerei, Wollust und Müßiggang, sind in den Augen LaVeys keineswegs verwerflich, sondern eine Möglichkeit, das körperliche und geistige Wohlbefinden zu steigern. Allerdings dürfe

Die Elf Lebensregeln des Satanisten

1. Äußere nicht ungefragt deine Meinung und gib keine unerbetenen Ratschläge.
2. Wenn du sprichst, so vergewissere dich, dass man dir auch zuhören will.
3. Respektiere in einem fremden Haus den Hausherrn oder gehe erst gar nicht hin.
4. Stört dich jemand in deinem eigenen Haus, verjage ihn gnadenlos.
5. Geh nicht mit jemandem ins Bett, ehe du nicht eindeutig dazu aufgefordert wirst.
6. Kümmere dich nicht im Geringsten um Dinge, die dich nichts angehen, es sei denn, jemand fühlte sich belastet und bäte dich um Hilfe.
7. Bestätige und anerkenne die Macht der Magie, nachdem du sie erfolgreich zur Durchsetzung deiner Wünsche eingesetzt hast. Leugnest du ihre Macht, nachdem du sie mit Erfolg hervorgerufen hast, verlierst du alles, was du erschaffen hast.
8. Schere dich einen Dreck um Dinge, die dich in keiner Weise betreffen.
9. Verletze keine kleinen Kinder.
10. Töte kein Tier, wenn du nicht von ihm angegriffen wurdest oder es nicht verzehren willst.
11. Belästige niemanden in der Öffentlichkeit. Wirst du selbst belästigt, so sage ihm, dass er damit aufhören soll. Tut er das nicht, so vernichte ihn.

niemand darunter leiden, die Suche nach Genuss sei kein Grund, andere zu schädigen, und der Satanist habe die Gesetze des Landes, in dem er lebe, zu respektieren. Besonderer Schutz gelte für Kinder und Tiere, denn sie seien noch unverdorben und legten eine natürliche Vitalität an den Tag. Tieropfer sind deshalb in der Church of Satan verboten.

Von derart blankem Hedonismus fühlen sich naturgemäß Menschen angesprochen, die es verstehen, sich im Leben durchzusetzen – wenn nötig auch mit Hilfe ihrer Ellenbogen. Der Satanismus wird zu einem Instrument, das den Starken befähigt, noch besser zu überleben. Dies lässt sich gut an den elf Lebensregeln ablesen, die LaVey die »Elf satanischen Regeln der Erde« genannt hat. Statt bei einem Angriff auch die andere Wange hinzuhalten, soll der Satanist sich zur Wehr setzen, und zwar mit magischen Mitteln. Die Fähigkeit dazu erwirbt er durch Rituale, die LaVey wie ein Psychodrama aufbaute und mit allerlei Showeffekten versah, unter anderem Stroboskope, Laser und Orgelmusik. Verglichen mit dem Ablauf anderer satanistischer Rituale erscheinen die von LaVey durchgeführten eher schlicht. Sie erinnern zum Teil mehr an psychotherapeutische Sitzungen als an schwarze Messen. Wie bei satanistischen Ritualen üblich, werden Elemente der christlichen Liturgie entweder in ihr Gegenteil verkehrt oder mit einem anderen Sinn versehen. Das Kruzifix steht auf dem Kopf, die Hostie besteht aus einem Rübenschnitzel, als Weihwasser dient der Urin einer als Nonne verkleideten Hexe. In gleicher Weise verfuhr LaVey mit den übrigen Bestandteilen der Liturgie. Dies alles hatte jedoch vorrangig die emotionale Stimulierung der Teilnehmer zum Ziel und nicht eine tatsächliche Verehrung Satans.

Der allzu selbstgefällig zur Schau getragene Pragmatismus LaVeys sowie die Diskrepanz zwischen bombastisch überhöhten Beschwörungsritualen einerseits und einem unreflektierten Materialismus andererseits, der zudem überdeutlich die dahinter stehenden finanziellen Interessen durchscheinen ließ, gaben immer mehr Mitgliedern der Church Anlass zur Unzufriedenheit. Es bedurfte nur noch eines Anlasses, um den Streit offen ausbrechen zu lassen. Der Auslöser wurde dann die Einführung käuflicher Priestergrade durch LaVey im Jahre 1975. Als Begründung hatte er angegeben, die Church könne kein Tummelplatz für Leute sein, die sich mehr um ihre geistige Entwicklung als um materiellen Erfolg bemühten. Reichtum zu erwerben, sei schließlich nichts Anrüchiges, sondern Ausdruck der Qualifikation eines Satanisten. Wer seine Fähigkeiten in dieser Hinsicht unter Beweis gestellt habe, dürfe deshalb auch einen Priestergrad kaufen. Das auf diese Weise eingenommene Geld verbuchte LaVey auf seinem Privatkonto. Seine Priesterschaft hatte er damit allerdings so brüskiert, dass sie sich fast geschlossen von ihm abwandte und eine neue Organisation schuf, den Temple of Set.

Von dieser Spaltung erholte sich die Church of Satan nur langsam und trat erst zu Beginn der 1990er-Jahre wieder stärker in Erscheinung. In einigen Ländern bildeten sich so genannte Grottos, regionale Gruppen, unter anderem in Deutschland (1995) und der Schweiz (1994). Da jeder Grotto finanzielle Abgaben an die Zentrale – zuerst in San Francisco, seit 2002 in New York – leisten muss und zudem in Fragen der Lehre und Organisation vollständig den Anweisungen aus den USA zu folgen hat, erklärten sich sowohl der schweizerische als auch der deutsche Zweig nach kurzer Zeit für unabhängig. Die deutsche Sektion nannte sich seit 1996 »Circle of Hagalaz«, die Schweizer firmieren seit 2000 unter dem Namen »Schwartze Orden von Luzifer«. Beide Gruppen sehen sich zwar in der Tradition LaVeys, betonen jedoch ihre organisatorische Unabhängigkeit und beschränken sich auch nicht auf LaVeys Lehren. Der »Schwartze Orden« etwa bezieht sich darüber hinaus auf Werke altnordischer Religionen wie die *Edda* und verwendet Schriften von Karl Maria Wiligut, einem Nazi-Ideologen, der maßgebend an der Wiederbelebung bzw. Neuschaffung germanischer Riten für die SS-Führung mitgewirkt hat. Auch das Gradsystem der Church of Satan wurde nicht übernommen. Der »Circle of Hagalaz« hat sich mittlerweile wieder aufgelöst; außer einzelnen, nicht organisierten Anhängern LaVeys gibt es derzeit keine deutschen Mitglieder der Church of Satan. Die Mitgliederstärke des »Schwartzen Orden« liegt bei schätzungsweise 50 Personen, was allerdings weder auf die Zukunft hochgerechnet werden kann noch allzu viel über den aktuellen Stand aussagt. Denn die Fluktuation in satanistischen Vereinigungen ist relativ hoch. Wer heute als Mitglied geführt wird, ist morgen vielleicht eine Karteileiche, weil er sich schon längst wieder bei anderen Gruppen umsieht oder sich seine Motivationen geändert haben. Auch die Art der Präsentation kann eine entscheidende Rolle spielen. Ein gelungener Internet-Auftritt oder entsprechender Medienrummel sorgen kurzfristig für Aufmerksamkeit, Interesse und gegebenenfalls Mitgliederzuwachs. Das Gleiche gilt für die »Mutterkirche« selbst, die von LaVeys Umgang mit Prominenten und seinem Sinn für Theatralik profitierte. Seine Angabe, die Church habe über 7000 Mitglieder, dürfte noch nie der Realität entsprochen haben, sondern höchstens die Zahl informeller Kontaktaufnahmen im Laufe der Jahre widerspiegeln. LaVeys ehemaliger Mitarbeiter Aquino, der sich mit den Interna der Church gut auskannte, hat einmal von circa 300 festen Anhängern gesprochen, was der Wahrheit wohl näher kommen dürfte und für eine Satanistenvereinigung immer noch eine beachtliche Größenordnung darstellt. LaVey selbst meinte einmal dazu: »Ist die Zahl zu klein, betrachtet man uns als unbedeutend, ist sie zu groß, betrachtet man uns als Gefahr. Daher lasse ich sie im Ungewissen sich fürchten.«

Im Oktober 1997 verstarb LaVey; neue Hohepriesterin und Leiterin der Church wurde Magistra Blanche Barton. Ihre Stellvertreterin, LaVeys Tochter Karla, schied nach Streitigkeiten aus der Church aus und gründete 1999 die »First Satanic Church«. Im Jahr 2001 übernahm dann Peter H. Gilmore die Leitung, Blanche Barton zog sich aus den offiziellen Angelegenheiten zurück und überließ ihr Amt als Hohepriesterin Peggy Nadramia, der Ehefrau Gilmores.

Nachahmergruppen nennen sich des Öfteren »First Church of Satan«, um zu betonen, dass sie sich als die eigentlichen Bewahrer der »reinen Lehre« verstehen und um vom Bekanntheitsgrad des Namens zu profitieren. Dagegen geht die Church of Satan ausnahmslos juristisch vor, weil die eingetragene Bezeichnung rechtlich geschützt ist. Abspaltungen und Neugründungen sind in satanistischen Kreisen ein typischer Vorgang und tragen nicht unwesentlich zur Heterogenität der satanistischen Szene bei.

TEMPLE OF SET

Michael Aquino, ehemaliger Generaloberst der US-Armee und Berater Ronald Reagans, war in früheren Jahren der nach LaVey ranghöchste Funktionär der Church of Satan gewesen. Bereits vor der endgültigen Trennung hatte es Differenzen zwischen LaVey und dem größten Teil seiner meist akademisch gebildeten Priesterschaft – Aquino etwa ist Doktor der Philosophie und Politikwissenschaft – gegeben, wobei die Priester das intellektuelle Niveau der Kirche monierten. Ein weiterer Grund für den sich steigernden Missmut lag in den Organisationsstrukturen. Durch die exzentrische Persönlichkeit LaVeys hatte die Church einige Mitglieder gewonnen, die sich mehr von den schillernden Äußerlichkeiten angezogen fühlten und mit konstruktiver

Arbeit innerhalb der Gemeinschaft nicht viel im Sinn hatten. Zwischen dieser Gruppe und der Priesterschaft war es häufig zu Meinungsverschiedenheiten gekommen, die aber nicht einvernehmlich beigelegt werden konnten, weil der autokratische Führungsstil LaVeys kaum Diskussionen zuließ. Als es dann wegen Änderungen bei den Priestergraden zum Bruch gekommen war, stellten sich fast alle Funktionäre hinter Aquino und verließen mit ihm die Church.

Aquino ging nun daran, sein eigenes System auszuarbeiten. Die Grundzüge seiner neuen Lehre hatte er noch zur Zeit seiner Mitgliedschaft in der Church entwickelt. Die Gelegenheit, seiner Lehre höhere »transzendente« Weihen zu verleihen, ergab sich während eines Rituals zur Sommersonnenwende 1975. Als Aquino den Satan beschwor, soll dieser mit ihm in Kontakt getreten sein und sich als Set offenbart haben. Zur Begründung des Namenswechsels habe Set alias Satan angegeben, er würde lieber wieder unter seinem alten ägyptischen Namen verehrt. Das *Buch der Lebenden*, das Set Aquino anlässlich ihres Kontakts »diktierte« und das den Gegensatz zum ägyptischen *Totenbuch* bilden sollte, wurde zum grundlegenden Werk des Temple of Set.

Die Namensgebung hatte durchaus auch profane Gründe. LaVeys Kreation »Church of Satan« war urheberrechtlich geschützt, und Set klang außerdem weit weniger verdächtig. Ein solcher Name weckt nicht gleich all die negativen Assoziationen und Vorurteile, die im Hinblick auf den Satanismus sonst sofort aufkommen. Und dies lag im Interesse Aquinos und seiner Gefährten, weil sie anders als LaVey keinen großen Wert auf Publizität legten. In der Selbstdarstellung des Tempels wird ausdrücklich betont, dass man nicht wie LaVey auf Profit aus sei, sondern lediglich die Kosten decken wolle und ansonsten ehrenamtlich arbeite. Die von LaVey entworfenen (und später von ihm für käuf-

Einweihungsgrade

1. Grad: Satanist bzw. Setian

Jeder, der in die Church of Satan aufgenommen wird, hat automatisch den 1. Grad inne. Er ist einfacher Satanist ohne besondere Verpflichtungen und erkennt die Prinzipien der Church an. Der Temple of Set hat diesen Grad in »Setian« umbenannt. Ein Setian kann man allerdings höchstens zwei Jahre lang bleiben, danach muss man entweder den nächsten Grad erwerben oder wieder ausscheiden.

2. Grad: Zauberer bzw. Adept

Nach einer Prüfung kann der Träger des 1. Grades zum Zauberer bzw. Adepten aufsteigen. Er muss unter Beweis stellen, dass ihm die Inhalte der von LaVey verfassten *Satanic Bible* vertraut sind und er somit die Eignung zum satanistischen Magier mitbringt. Die Verleihung des 2. Grades bedeutet die Anerkennung des Satanisten/Setians durch die jeweilige Organisation.

3. Grad: Priester von Mendes

In der *Satanic Bible* heißt es, ein Mitglied könne als »Erwählter« erkannt werden, allerdings nicht von anderen menschlichen Wesen, sondern von den Mächten der Finsternis. Durch die Führer der Organisation könne die Erwählung dann festgestellt oder bekräftigt werden. Der Erwählte hinwiederum kann die Ordination annehmen oder ablehnen. Nimmt er sie an, so erwirbt er damit das Recht, selbstständig regionale Gruppen zu leiten und Initiationen vorzunehmen. Der Name »Mendes« bezieht sich auf eine altägyptische Stadt.

4. Grad: Magister

Je nachdem, wie groß das Verständnis eines Priesters für die satanistischen Lehren ist und wie weit sein magischer Wirkungsgrad reicht, wird er vom Hohepriester zum »Meister des Gewölbes«, »Meister des Tempels« oder »Großmeister« ernannt.

5. Grad: Magus

Dieser bei LaVey höchste Grad soll den Willen des Fürsten der Finsternis selbst reflektieren. Wie der 4. Grad ist er mit keinen speziellen organisatorischen Befugnissen verbunden. Der Temple of Set hat als 6. Grad noch den des »Ipsissimus« hinzugefügt. Sowohl für die Church als auch für den Tempel gilt, dass Männer und Frauen gleichberechtigt sind.

lich erklärten) Einweihungsgrade wurden hingegen mit leichten Abwandlungen beibehalten.

Auch für Aquino bildet die Wertschätzung von Ego und Vernunft die Grundlage des Satanismus, allerdings erklärt er seine Lehre nicht so ausschließlich materialistisch wie LaVey. Set gilt als das Wesen, das dem Menschen das Bewusstsein seines unabhängigen Selbst geschenkt hat. Die im Wortsinne »luziferische« Tat Satans bestehe darin, dem Menschen das Licht gebracht, das heißt ihn darüber aufgeklärt zu haben, dass er von der Schöpfung getrennt ist und einen völlig selbstbestimmten Weg gehen kann. Durch diese Erkenntnis wurde die Evolution des menschlichen Bewusstseins in Gang gesetzt. Aquino vermeidet es jedoch, Set genauer zu charakterisieren, er lässt offen, ob er darunter ein personales Wesen, ein geistiges Prinzip oder eine Energieform versteht. Denn Spekulationen darüber könnten dazu führen, dass sich der Satanismus zu einem ähnlichen »Glauben« entwickeln würde wie die Religionen, die man ablehnt. Set hat die Welt nicht erschaffen, sondern ist nur das in seiner Bewusstwerdung am weitesten fortgeschrittene Wesen. Den Prozess der Bewusstwerdung selbst nennt Aquino nach ägyptischem Vorbild »Xeper«, was so viel wie »allmählich ins Dasein gelangen« bedeutet. Wie die Erschaffung der Welt vor sich ging und wohin die durch Set begonnene Entwicklung der Selbstbewusstheit führen wird, bleibt unbeantwortet. Für den Menschen sei allein wichtig, seinen Zustand des existenziellen Getrenntseins von der Schöpfung wahrzunehmen und die Trennung so bewusst wie möglich aufrechtzuerhalten, auch nach dem körperlichen Tod.

Das Führungsgremium des Tempels besteht aus dem »Rat der Neun«, das heißt aus neun gewählten Mitgliedern der Priesterschaft, die zumindest den vierten Grad innehaben müssen. Ihre Amtszeit dauert neun Jahre. Der Rat ernennt für jeweils ein Jahr einen Vorsitzenden, der wiederum den »Hohepriester von Set« bestimmt und ihn auch wieder abberufen kann. Der Hohepriester darf über alle Richtlinien und Vorschriften, die nicht bindend festgelegt sind, frei entscheiden. So kann es etwa nötig werden, auf veränderte äußere Umstände organisatorisch zu reagieren, was dann in den Aufgabenbereich des Hohepriesters fällt, während die Hierarchie der Einweihungsgrade unveränderlich ist.

Die Kombination aus gewählten Vertretern und ernannten Funktionsträgern, die sich gegenseitig kontrollieren, soll die Konzentration der Macht auf eine Person – wie im Falle LaVeys zu beobachten – verhindern. Auch der »Rat der Neun« stammt ursprünglich aus der Church of Satan, wo es ihn auch heute noch gibt, allerdings nur als beratende Instanz, deren Meinung für den Hohepriester nicht bindend ist.

Wie die Church of Satan besitzt auch der Temple of Set Ableger außerhalb der Vereinigten Staaten, so genannte Pylone, die von einem Priester oder einer Priesterin des dritten Grades geleitet werden. In Deutschland agiert ein circa zehn bis zwanzig Personen umfassender Pylon, über dessen Strukturen jedoch kaum etwas bekannt ist.

Die meisten satanistischen Vereinigungen legen wenig Wert auf organisatorischen Zusammenhalt und verbindliche Lehrmeinungen. So kommt es nicht selten vor, dass sich Interessenten zu Gruppen zusammenfinden, auf die der gemeinsame Oberbegriff »Satanismus« zwar irgendwie passen mag, die sich ansonsten jedoch frei aus dem Fundus vorhandener Lehren und Praktiken bedienen, ohne sich einer bestimmten Tradition verbunden zu fühlen. In solchen Gruppen werden die *Satanic Bible*, das *Buch der Lebenden* oder die Schriften Crowleys studiert und versuchsweise in die Praxis umgesetzt, weitergehende gemeinsame Aktivitäten finden allerdings nicht statt.

Es dürfte zwar einige Gruppen dieser Art in Deutschland geben, sie sind aber erstens nicht als Satanistenorganisationen, sondern bestenfalls als Studienkreise zu betrachten, und sie stellen zweitens aufgrund ihrer geringen Mitgliederstärke und der hohen Fluktuation keine dauerhaften Gemeinschaften dar.

IST DER SATANISMUS EINE GEFAHR?

Satanismus ist kein geschützter Begriff, und so kann sich jeder, dem danach zumute ist, als Satanist ausgeben und sogar eine eigene Gemeinschaft ins Leben rufen, falls er denn genügend Mitstreiter findet. Ein Blick ins Internet macht die kaum zu überschauende Zahl an Gruppen deutlich, von denen eine ganze Reihe nicht mehr als eine Hand voll Mitglieder aufweist. Obwohl sich der Satanismus nicht als Bewegung von klar feststellbaren Ausmaßen definieren lässt, so ist er doch unbestreitbar vorhanden und als ein – wenn auch randständiges – gesellschaftliches Phänomen zu betrachten. Seine gemessen an seiner Realität und seinem Einfluss überproportionale Bedeutung gewinnt dieses Phänomen in erster Linie durch die mediale

SATANISMUS IN DER ROCKMUSIK

Aus dem großen Spektrum der Rockmusik widmen sich nur die Black-Metal-Bands eindeutig dem satanistischen Liedgut. Viele von ihnen nehmen es dabei nicht allzu ernst mit ihren gesungenen Botschaften, sondern geben teilweise ganz unverblümt zu, dass es ihnen einzig und allein ums Geschäft geht. Die mehr oder weniger jugendlichen Fans dieser Art von Musik wiederum agieren beim Zuhören und Tanzen wohl eher Unzufriedenheit und Frustrationen ab, als dass sie den Satan anbeten würden. Die Behauptung, die Tonträger enthielten geheime Botschaften, die beim Rückwärtsspielen hörbar würden (das so genannte »Backward-Masking«), z. B. »Satan ist Gott«, entbehrt jeder vernünftigen Grundlage. Denn erstens wären derartige Botschaften beim üblichen Abspielen kaum wahrnehmbar, und zweitens werden sie sowieso ganz offen in den Liedtexten vorgetragen.

Aufbereitung. Zeitungsartikel, Bücher und Fernsehberichte lassen leicht den Eindruck entstehen, der Satanismus durchdringe unsere Gesellschaft in unheimlicher Art und Weise und stelle eine ernsthafte Bedrohung dar.

Bei genauerem Hinsehen erweisen sich viele solcher Darstellungen als Fantasieprodukte. Ebenso wie Hakenkreuzschmierereien nicht unbedingt von Neonazis stammen müssen, bedeuten Friedhof- und Kirchenschändungen nicht automatisch, dass hier Satanisten am Werk waren. Oftmals handelt es sich dabei einfach um den Vandalismus pubertierender Jugendlicher. Auch die schwarze Kleidung der so genannten Grufties hat nichts mit Satanismus zu tun. Auflage und Quote aber profitieren immer von den angeblichen satanistischen Gräueltaten. Hinzu kommt die Faszination von Verschwörungstheorien, die Bedrohliches und Unerklärliches verstehbar zu machen scheinen. Nach dem 11. September 2001 galt es beispielsweise nicht nur in weiten Teilen der arabischen Welt als ausgemacht, dass der Anschlag vom israelischen und vielleicht sogar dem amerikanischen Geheimdienst selbst verübt wurde. Es konnte eben nicht wahr sein, was nicht wahr sein durfte. Freimaurer, Illuminaten, Juden, das »Großkapital« und andere mehr wurden und werden häufig einer Weltverschwörung bezichtigt – aus unterschiedlichen Motiven, aber immer mit demselben Ziel, nämlich eigene Interessen durchzusetzen und Ohnmachtsgefühle zu bewältigen.

Und liegen schließlich die Fakten auf dem Tisch, so erfolgt nicht etwa eine Revidierung der falschen Anschuldigungen, sondern es herrscht nur das sprichwörtliche Schweigen im Walde und man wendet sich dem nächsten Thema zu. So hört man heute kaum mehr etwas über die neuen religiösen Bewegungen, die 1996 sogar Anlass für die Bildung einer Enquete-Kommission des Deutschen Bundestages gaben. Aus deren Endbericht von 1998 ging hervor, dass viele der zunächst vermuteten Gefahren nicht belegbar waren. Die betroffenen Gemeinschaften finden seitdem nur noch selten öffentliche Aufmerksamkeit. Und selbst Scientology eignet sich nicht mehr für einen Aufmacher. Die einstmals allein in Deutschland angeblich 300 000 Mitglieder umfassende Organisation, die mit ausgeklügelten Manipulationsmethoden die Menschen verführt und Staat und Wirtschaft unterwandert haben soll, ist heute fast zur Bedeutungslosigkeit geschrumpft. Letztendlich fehlten für die meisten Verdächtigungen einfach die Beweise, und spätestens nach der Beobachtung durch den Verfassungsschutz, der keine staatsfeindlichen Bestrebungen und höchstens 6000 Anhänger feststellen konnte, ist eine flächendeckende Berichterstattung aus journalistischer Sicht uninteressant geworden. Die Kritiker schreiben dies zwar ihrer Aufklärungsarbeit zu und heften es sich als Erfolg auf ihre Fahnen, tatsächlich aber hat einfach die Wirklichkeit nicht gehalten, was die Spekulationen versprachen.

Ähnliches lässt sich über den Satanismus sagen. So hieß es vor Jahren, in den USA gebe es Millionen von Teufelsanbetern und mehrere tausend Kinder würden jährlich in grausigen Ritualen geopfert. Belegen lässt sich jedoch auch bei großzügiger Schätzung nur eine Zahl von höchstens 2000 amerikanischen Satanisten, und massenhafte Kindstötungen konnte die Polizei trotz intensiver Nachforschungen nicht bestätigen. Dem wird entgegengehalten, die Satanisten agierten eben im Untergrund, seien eine verschworene Gemeinschaft, und die Opfer würden aus Angst um ihr eigenes Leben schweigen oder seien psychisch so geschädigt, dass sie keine gerichtsverwertbaren Aussagen mehr machen könnten. Dies mag in manchen Fällen zutreffen; dennoch ist es einigermaßen verwunderlich, dass die Ermittlungsbehörden seit mittlerweile Jahrzehnten völlig im Dunkeln tappen und nicht in der Lage sind, eindeutige und quantitativ nennenswerte Verbindungen zwischen Satanismus und Gewalt aufzudecken. Bei aller unterstellten Raffinesse werden Satanisten ja wohl schwerlich besser organisiert und intelligenter sein als Mafiabosse, Drogenbarone oder Menschenhändler. An der Existenz dieser Sparten der organisierten Kriminalität besteht kein Zweifel, und eine entsprechende Beweislage ist auch hinsichtlich satanistischer Gewalttaten erforderlich, will man nicht länger bei Mutmaßungen verharren.

Charles Manson

In der kalifornischen Gegenkultur der 1960er-Jahre entstand die »Family« des Charles Manson, die mit ihren Morden im Sommer 1969 wesentlich zum schlechten Image der Hippies beitrug. Manson hatte sich anfangs für Jesus gehalten und betrachtete es als seine Mission, die unmittelbar bevorstehende Apokalypse zu predigen. Zwischen weißen und schwarzen Amerikanern werde ein Krieg ausbrechen, aus dem die Schwarzen als Sieger hervorgehen würden. Doch da sie nicht in der Lage wären, eine vernünftige Herrschaft auszuüben, würden sie nach einem Führer Ausschau halten, und dieser Führer sei er, Manson. Um das Kommen des erwarteten Krieges zu beschleunigen, sollte seine Family Weiße terrorisieren und töten, den Schwarzen aber die Schuld daran geben und dann in aller Ruhe abwarten, bis die Zeit ihrer Herrschaft gekommen sei. Mansons Interesse am Satanismus entstand durch seine Kontakte zu Gruppen, die in ihren Ritualen schwarze Tiere opferten (Hunde, Katzen, Ziegen und Hähne), deren Blut tranken oder über ein Paar ausgossen, das gerade den Geschlechtsakt vollzog. Besonders inspirierend empfand Manson das »Four Movement«. Denn dessen Mitglieder taten genau das, was man sich von echten Satanisten vorstellt: Sie töteten Menschen und verzehrten deren Herz. Mit seiner Botschaft vom apokalyptischen Endkampf stand Manson nicht allein; eine ganze Reihe anderer, oft drogenabhängiger Prediger zog damals wie er durch Kalifornien und wähnte den Zerfall der bestehenden Ordnung nahe bzw. wünschte ihn sich herbei.

Natürlich sind Fälle dokumentiert, in denen Gewalt- und Tötungsdelikten satanistische Vorstellungen zugrunde lagen. Der nach wie vor bekannteste Fall ist der des Charles Manson, der 1969 in den USA gemeinsam mit seiner so genannten »Family« im Namen Satans mehrere Menschen umbrachte, darunter die Schauspielerin Sharon Tate. Doch hier muss zwischen Ursache und Wirkung unterschieden werden. Die Ursache der Bluttat lag in Mansons kranker Psyche, nicht im Satanismus. Und so verhält es sich auch bei fast allen anderen Verbrechen, die im Namen Satans begangen werden. Gäbe es den Satanismus nicht, würde diese Sorte von Tätern irgendeine andere Ideologie zur Rechtfertigung ihrer perversen Handlungen heranziehen. Die Giftanschläge in Tokio durch die Aum Shinrikyo, die Morde bzw. Selbstmorde bei den Sonnentemplern, den Davidianern in Waco oder den UFO-Gläubigen von Heaven's Gate sind nur einige Beispiele dafür. Vor den Folgen ideologischen oder religiösen Wahns kann es keinen absolut wirksamen Schutz geben.

Der amerikanische Soziologe James T. Richardson hat folgende Faktoren herausgearbeitet, die erklären, warum der Satanismus heute verstärkt beachtet wird: der Fundamentalismus in den USA, technologische Neuerungen, Kinderschutzinitiativen, die Gesundheitsindustrie, Medienkonkurrenz, die Anti-Sekten-Bewegung sowie das Beratungs- und Seminarangebot.

Insbesondere in den USA, woher die meisten Satanistengruppen stammen, ist seit den 1970er-Jahren eine Zunahme des christlichen Fundamentalismus zu beobachten. In Fundamentalisten-Kreisen gilt die Existenz Satans als Tatsache, und Organisationen wie die Church of Satan werden als Beleg für dessen aktuellen Einfluss angesehen. Obwohl die große Mehrheit der amerikanischen Bevölkerung die extremeren Ansichten der Fundamentalisten kaum teilt, entfalten diese dennoch eine öffentliche Wirkung, nicht zuletzt durch die ständige

Präsenz des Themas in den neuen elektronischen Medien (Kabelfernsehen, Satellitenprogramme, Internet), die von fundamentalistischer Seite eifrig genutzt werden. Die Aktivitäten amerikanischer Fernsehprediger reichen mittlerweile über die Landesgrenzen hinaus. Auch wenn außerhalb dieser Spielart des Christentums kaum Debatten über die Existenz des Teufels geführt werden, können derartige Diskussionen dennoch reale Konsequenzen haben, z. B. in Gerichtsverfahren, in denen Eltern das Sorgerecht für ihre Kinder entzogen wird, weil man sie als Satanisten verdächtigt.

Seit Mitte der 1980er-Jahre sind außerdem zahlreiche Initiativen auf den Plan getreten, die sich der Bekämpfung des »rituellen Missbrauchs« verschrieben haben. Es steht außer Frage, dass Kindesmissbrauch ein ernstes Problem darstellt, das in keiner Weise verharmlost werden sollte. Neu ist jedoch die Konstruktion eines Zusammenhangs zwischen Missbrauch und Satanismus. Scheinbare Beweiskraft erhalten die Vermutungen dadurch, dass sich Experten wie Sozialarbeiter, Therapeuten und Ärzte der Sache annehmen. Doch es muss erlaubt sein, auch auf die jeweilige Interessenlage hinzuweisen. Die Einrichtung und der Betrieb von Kindertagesstätten ist vor allem in den USA inzwischen zu einer regelrechten Industrie geworden. Je überzeugender die einzelnen Akteure in dieser Industrie ihre Kompetenz für die Sicherstellung des kindlichen Wohlergehens demonstrieren können, desto stärker profitieren sie ideell wie materiell. Es ist immer lohnenswert, mit Bert Brecht zu fragen: »Wem nützt das?« Um es noch einmal ganz deutlich zu sagen: Die tatsächliche Tragik im Einzelfall und die Notwendigkeit von Kinderschutzorganisationen sollen überhaupt nicht in Abrede gestellt werden. Aber der Vorwurf des rituellen Missbrauchs beruht nicht allein auf dem idealistischen Einsatz für das Kindeswohl, sondern ist teilweise ein Ergebnis der aus Eigennutz geförderten Pathologisierung sozialer Probleme, die angeblich von medizinischen und psychologischen Spezialisten kuriert werden müssen.

Hierzu zählt auch die behauptete Beziehung zwischen Satanismus und Multiplen Persönlichkeiten. Erwiesen ist die Möglichkeit schwerwiegender seelischer Störungen durch ein sehr früh – in der Regel vor dem fünften Lebensjahr – aufgrund sexuellen oder psychischen Missbrauchs erlittenes Trauma. Dies kann zu starken Dissoziationsphänomenen führen: Die betroffene Person spaltet die Erinnerung an die traumatisierenden Erfahrungen ab, um das Weiterleben zu sichern. Macht sie dann eine Aussage über rituellen Missbrauch, ist sie im juristischen Sinne oft unglaubwürdig, weil sie Zeit, Ort und Umstände der Ereignisse nicht in einen überprüfbaren kausalen Zusammenhang bringen kann. Während dieses Dissoziationsphänomen als solches wissenschaftlich belegt ist, bleiben bezüglich eines rituellen Missbrauchs viele Fragen offen.

Missbrauch kommt in der großen Mehrzahl der Fälle im engsten Familienkreis vor. Er kann mitunter religiös verbrämt sein (»Gott will das so«) oder auch tatsächlich kultischen Zwecken dienen. Doch derartige Kulte sind in aller Regel familiengebunden, nicht gruppenmäßig organisiert und von außen kaum einsehbar. Wenn die eigenen Kinder in missbräuchlicher Weise in ein System »eingeweiht« werden, liegt ein Delikt vor, das bei Bekanntwerden auf jeden Fall zu ahnden ist. Ein planmäßiger ritueller Missbrauch als gängige Praxis satanistischer Zirkel konnte jedoch trotz mehrerer staatsanwaltschaftlicher Ermittlungen bislang nicht nachgewiesen werden.

Bei den Vorfällen in der Thelema Society handelt es sich um die Ausübung sexueller Gewalt, die die betroffenen Frauen – von denen einige später Anzeige erstatteten – zunächst freiwillig über sich ergehen ließen. Die Gründe für die Teilnahme an den so genannten Symposien liegen in der psychischen Disposition und in der Erwartungshaltung. Zunächst vermittelt die Gruppe Geborgenheit, die Mitglieder fühlen sich verstanden und erhoffen sich den von Eschner versprochenen spirituellen Fortschritt. Kommt es dann im Verlauf eines Symposiums zu sexuellen Handlungen, nehmen die einen bereitwillig daran teil, während andere sie – zu diesem oder einem späteren Zeitpunkt – als Nötigung oder gar Vergewaltigung empfinden.

Die Thelema Society

1982 gründete Michael Dietmar Eschner (geb. 1949) die Vereinigung »Thelema – Orden des Argentum Astrum«. Ausgehend von den Lehren Aleister Crowleys und des O. T. O., vertritt Eschner Gewaltpraktiken als Mittel der satanistischen »Ausbildung«. Sich selbst bezeichnet er als (geistige) Inkarnation Crowleys. Die Gruppe benannte sich 1985 in »Netzwerk Thelema« um, 2002 in »Thelema Society«. Vom Landgericht Lüneburg wurde Eschner 1992 zu sechs Jahren Freiheitsentzug verurteilt. Man hatte ihn der Vergewaltigung, sexuellen Nötigung und Körperverletzung schuldig befunden. Außer exzessiven und meist unter Alkoholeinfluss betriebenen Sexualpraktiken gibt es auch ein »Ekeltraining«, bei dem die Teilnehmer ihre eigenen Ausscheidungen zu sich nehmen müssen.

Der zunehmend härter werdende Konkurrenzkampf auf dem Mediensektor trägt ein Übriges zu den populären Vorstellungen über den Satanismus bei. Sensationen verkaufen sich, nüchterne Fakten weniger. Die zahlreichen, täglich stattfindenden Talkshows müssen nicht nur inhaltlich gefüllt, sondern auch so attraktiv gestaltet werden, dass sie genügend Zuschauer finden. Mit trockenen Diskussionsrunden lässt sich dies nicht erreichen, wohl aber mit echten oder selbst ernannten Satanisten in bizarrem Outfit und mit phantastischen Geschichten. Zum Teil kann man sogar von einem regelrechten »Mediensatanismus« sprechen, der außer in Fernsehen und Presse nirgendwo existiert. Einen seriösen Anstrich erhalten die Berichte durch eine Reihe von Experten unterschiedlichster Couleur. Ein Teil von ihnen bemüht sich um Sachlichkeit, andere hingegen schwadronieren ins Blaue hinein oder empfehlen als »Quellenmaterial« das längst ad absurdum geführte, unter dem Pseudonym Lukas veröffentlichte Machwerk *Vier Jahre Hölle und zurück*. Während Journalisten im Bereich von Politik oder Wirtschaft nach den Motivationen und Absichten aller Beteiligten forschen, nehmen sie hinsichtlich des Satanismus gerne die absonderlichsten Behauptungen für bare Münze und fragen nicht nach der Qualifikation und dem Eigeninteresse ihrer Informanten. Dieses Interesse kann durchaus ein ökonomisches sein, denn die Finanzierung einer Beratungsstelle erfordert den Nachweis ihrer Notwendigkeit.

Der sich neuerdings in der Debatte befindende »rituelle Missbrauch« schafft ein zusätzliches Aufklärungsbedürfnis bis hinein in die Dienststellen der Polizei. Wenn dann bei Seminaren und Vorträgen in Kirchengemeinden, Schulen, Fortbildungsveranstaltungen oder Polizeiakademien die stets gleichen Argumente und »Fakten« zu Gehör gebracht werden und dadurch eine immer weitere Verbreitung erfahren, verfestigt sich die Wahrnehmung des Satanismus als einer ernst zu nehmenden Herausforderung an die Gesellschaft. Dass der öffentlich rezipierte Satanismus jedoch aus den genannten Gründen eher ein soziales Konstrukt darstellt, das seinen Ausgang in den USA genommen hat und seit einigen Jahren auch in Deutschland angekommen ist, bleibt dabei meist unberücksichtigt.

Aus alledem kann nun nicht gefolgert werden, dass vom Satanismus gar keine Gefahr ausgeht. Es sollte aber genauer differenziert werden, worin diese Gefahren bestehen und wer davon betroffen ist. Einem Erwachsenen kann man nicht verbieten, in einer Gruppe aktiv zu sein, die sich als satanistisch versteht, wenn sie die gesetzlich vorgegebenen Grenzen respektiert. Dies ist ja auch das erklärte Ziel von Gemeinschaften wie der Church of Satan oder dem Temple of Set. Man mag deren Mitglieder als Hedonisten oder schlimmstenfalls als skrupellose Egoisten betrachten, aber deswegen sind sie noch nicht kriminell. Auch die Behauptung, eine potenzielle Kriminalität sei in der Lehre angelegt – etwa wegen des bekannten Ausspruchs von Crowley, man solle tun, was man wolle, und dies sei das ganze Gesetz –, ist nicht hinreichend. Denn eine solche Vorverurteilung kann man bei entsprechender Deutung der maßgebenden Texte bei jeder Religionsgemeinschaft vornehmen. Wird das Christentum vielleicht als barbarische Religion betrachtet, nur weil in der Bibel steht, man solle sein Auge ausreißen, wenn es einem ein Ärgernis ist? Oder muss der Islam als menschenverachtend gelten, weil der Koran zur Bekämpfung der Feinde des Glaubens aufruft? Wohl kaum, vielmehr werden solche Aussagen in den historischen Kontext eingeordnet und von den Theologen zeitgemäß interpretiert. Entscheidend sind nicht beliebig herausgreifbare Einzelaussagen bestimmter Schriften, sondern ihre Gesamtbotschaft sowie die Art und Weise, wie daraus gewonnene religiöse oder ethische Normen in die Praxis umgesetzt werden.

Bei Minderjährigen stehen die Eltern in der Pflicht. Sie müssen ihre Kinder aufklären und gegebenenfalls die Hilfsangebote von staatlicher oder kirchlicher Seite in Anspruch nehmen. Studien belegen, dass der Großteil der am Satanismus interessierten Jugendlichen durch Neugier und die Suche nach Nervenkitzel motiviert ist. Persönliche Probleme oder der Wunsch nach Selbsterkenntnis spielen eine untergeordnete Rolle. Techniken wie Gläserrücken oder Pendeln werden schon einmal ausprobiert, aber selten regelmäßig weiterbetrieben. Ihre Kenntnisse beziehen die Jugendlichen dabei überwiegend von Freunden und Verwandten, gefolgt von Berichten in den Medien, es sind also Informationen aus zweiter Hand. Nur ein verschwindend kleiner Bruchteil der Jugendlichen gibt an, an einer schwarzen Messe teilgenommen zu haben. Abgesehen davon, was darunter überhaupt verstanden wird, erhebt sich auch die Frage, was bei einer solchen Messe tatsächlich geschieht.

Das negative Potenzial des Satanismus zeigt sich auf einem ganz anderen Gebiet und eher in umgekehrter Richtung. Millionen von Menschen sind Opfer der kirchlichen Satanslehre geworden, unter deren Banner Andersgläubige und Abweichler verfolgt, gefoltert und ermordet wurden. Mag diese Lehre auch heute keine breite Zustimmung mehr finden, so ist sie dennoch nicht gänzlich obsolet geworden. Die Meinung einiger Theologen, katholischer wie protestantischer, AIDS sei eine Strafe Gottes und werde mit Hilfe des Teufels durch Prostituierte, Homosexuelle und Drogensüchtige verbreitet, hat ebenso fatale Konsequenzen wie das Sendungsbewusstsein mancher Politiker, die meinen, sie müssten im Auftrag des Herrn das Reich des Bösen bekämpfen. Auf diese Weise haben ausgegrenzte Minderheiten genauso unter einer Dämonisierung zu leiden wie ganze Völker. Die wahren Gefahren von Teufelsglaube und Satanismus gehen immer vom Menschen selbst aus.

LITERATUR

Biedermann, Hans: *Lexikon der magischen Künste*, Wiesbaden 1998
Billerbeck, Liane von / Nordhausen, Frank: *Satanskinder. Der Mordfall von Sondershausen und die rechte Szene*, Berlin 2001
Christiansen, Ingolf: *Satanismus. Faszination des Bösen*, Gütersloh [2]2003
Crowley, Aleister: *Das Buch des Gesetzes*, Basel [4]1993
Dreikandt, Ulrich (Hrsg.): *Schwarze Messen. Dichtungen und Dokumente*, München 1991
Dvorak, Josef: *Satanismus. Schwarze Rituale, Teufelswahn und Exorzismus. Geschichte und Gegenwart*, München [5]2000
Frick, Karl: *Satan und die Satanisten*, 2 Bde., Graz 1986
Fromm, Rainer: *Satanismus in Deutschland. Zwischen Kult und Gewalt*, München 2003
Haack, Friedrich-Wilhelm: *Jugendspiritismus und -satanismus. Begriffe, Informationen, Überlegungen*, München 1989
Hansel, Burkhard: *Okkultismus im Jugendalter. Ergebnisse einer empirischen Untersuchung*, Forschungsbericht, Universität Frankfurt, Institut für allgemeine Erziehungswissenschaften und Schulpädagogik 1995 (Unveröffentlichte Diplomarbeit)
Helsper, Werner: *Okkultismus. Die neue Jugendreligion? Die Symbolik des Todes und des Bösen in der Jugendkultur*, Opladen 1992
Introvigne, Massimo / Türk, Eckhard: *Satanismus. Zwischen Sensation und Wirklichkeit*, Freiburg 1995
LaVey, Anton Szandor: *Die satanische Bibel*, Berlin 1999 (*The Satanic Bible*, New York 1969)
Lehmann, Karsten: »Jugendsatanismus und Jugendkultur. Zu den Formen der Vergemeinschaftung von jugendlichen Satanisten«, in: *ZfR. Zeitschrift für Religionswissenschaft*, 11 (2003), S. 87–106
Mischo, Johannes: *Okkultismus bei Jugendlichen*, Mainz 1991
Müller; Ulrich: *Das Leben und Wirken des Satanisten T.*, Regensburg 1989
Nola, Alfonso di: *Der Teufel. Wesen, Wirkung, Geschichte*, München [2]1994
Richardson, James T.: »The Social Construction of Satanism. Understanding an International Social Problem«, in: *Australian Journal of Social Issues*, 32 (1997), S. 61–85
Rosenberg, Alfons: *Praktiken des Satanismus*, Nürnberg 1965
Schmidt, Joachim: *Satanismus. Mythos und Wirklichkeit*, Marburg [2]2003

Sebald, Hans: *Der Hexenjunge. Fallstudie eines Inquisitionsprozesses*, Marburg 1992
Tegtmeier, Ralph: *Aleister Crowley. Die tausend Masken des Meisters*, München 1989
Wenisch, Bernhard: *Satanismus. Schwarze Messen, Dämonenglaube, Hexenkulte*, Mainz, Stuttgart 1988
Zacharias, Gerhard: *Der dunkle Gott. Die Überwindung der Spaltung von Gut und Böse. Satanskult und schwarze Messe*, Wiesbaden 1982

DER AUTOR

Thomas Schweer, geboren 1956, studierte Religionswissenschaft, Indologie und Völkerkunde in Bonn und Marburg. 1988 gründete er den *diagonal*-Verlag mit. Er hat als freier Publizist mehrere Bücher veröffentlicht und lebt in Marburg.

REGISTER

Wilfried Buchta

Schiiten

Diederichs kompakt, Paperback, 128 Seiten
ISBN 3-7205-2491-4

Die Schiiten sind eine Minderheit unter den Muslimen und wurden als solche häufig unterdrückt. Durch ihre starke politische Rolle im Nahen und Mittleren Osten bestimmen sie in den Medien aber oft das Bild von der islamischen Welt.

Welche religiösen Vorstellungen beinhaltet der schiitische Islam? Inwiefern betätigen sich die Schiiten politisch? Welche Rolle spielen sie in einem Land wie dem Irak?

Diederichs kompakt gibt die Antworten.

Diederichs